Mário de Andrade/Borges

Coleção ELOS
Dirigida por J. Guinsburg

Equipe de realização — Tradução: Maria Augusta da Costa Vieira Helene; Revisão: José Bonifácio Caldas e Vera Lúcia Bolognani; Programação visual: A. Lizárraga; Produção: Plinio Martins Filho.

Emir R. Monegal

Mário de Andrade/Borges
Um Diálogo dos Anos 20

Editora Perspectiva

© Editora Perspectiva S.A., 1978

Direitos em língua portuguesa reservados à
EDITORA PERSPECTIVA S.A.
Av. Brigadeiro Luís Antônio, 3025
01401 — São Paulo — Brasil
Telefone: 288-8388
1978

SUMÁRIO

Prólogo 7
1. Um Diálogo Crítico 9
2. Um Problema de Léxico 11
3. Borges, Crítico da Vanguarda 17
4. Um Leitor Privilegiado 25
5. Sobre o Nacionalismo Literário 31
6. O Descobrimento de Borges 43
7. O Vínculo Paródico 51

APÊNDICE DOCUMENTAL

A Literatura Brasileira Moderna — Nicolás Olivari 59

A Literatura Brasileira Moderna (conclusão) Nicolás Olivari 63

Poesia Argentina — Mário de Andrade 69

Literatura Modernista Argentina I — Mário de Andrade 73

Literatura Modernista Argentina II — Mário de Andrade 87

Literatura Modernista Argentina III — Mário de Andrade 99

Literatura Modernista Argentina — Mário de Andrade 111

PRÓLOGO

O interesse de Mário de Andrade pela literatura hispano-americana já foi objeto de vários estudos. Um dos primeiros, senão o primeiro, foi publicado por M. Helena Grembecki e Telê Jardim Porto no "Suplemento Literário" de *O Estado de São Paulo* (27 de fevereiro de 1965), sob o título: "Leituras hispano-americanas de Mário de Andrade". Posteriormente, a segunda das duas conhecidas estudiosas, num livro titulado, *Mário de Andrade: Ramais e Caminhos* (São Paulo, Livraria Duas Cidades, 1972, p. 227), voltou a referir-se ao tema. (O livro foi publicado sob o nome de Telê Ancona López.) Mais recentemente, um discípulo da Dra. López, o Sr. Raul Antelo, publicou um artigo detalhado que volta a tratar do tema: "Modernismo brasileiro e consciência latino-americana" (in: *Contexto,* São Paulo, n.º 3, jul. 1977, pp. 75-90). Embora estes trabalhos contenham informações inéditas e (pelo menos os dois primeiros) valiosas observações críticas, foram elaborados sob uma óptica de especialização literária brasileira, e não estudam (os dois primeiros) ou apenas estudam superficialmente (o terceiro) a correspondente realidade literária hispano-americana a que Mário se referia. Não são, em suma, trabalhos de literatura comparada no sentido estrito da palavra, o que não quer dizer que não tenham méritos indiscutíveis como estudos de literatura brasileira.

No presente estudo me propus a algo diferente: examinar, do ponto de vista comparativo, as relações literárias entre Mário e um dos autores argentinos que ele mais destacou na época, lendo simultaneamente os textos de um e de outro, e examinando também o contexto em que estavam inseridos. Uma versão muito abreviada deste trabalho foi apresentada em 2 de agosto de 1977, numa das sessões do XVIII Congresso Internacional de Literatura Ibero-Americana, que se realizou na Universidade Federal do Rio de Janeiro. Quando elaborei este estudo não conhecia nem o primeiro trabalho das pesquisadoras Grembecki e Porto, nem de Antelo (que apesar de sua data, foi publicado depois do Congresso). Mas tinha levado em conta o que escreve a Dra. López em seu livro, e conhecia, graças à generosidade do Professor Jorge Schwartz, da Universidade de São Paulo, uma cópia datilografada dos artigos que Mário escreveu no *Diário Nacional* (entre 1927 e 1928), sobre a literatura argentina daquele momento.

Também recebi conselho e estímulo do Professor Antônio Cândido para continuar e aumentar este trabalho e, sobretudo, do poeta e crítico Haroldo de Campos que teve a amabilidade de ler minuciosamente o manuscrito. À sua impecável erudição se devem muitas valiosas contribuições críticas e bibliográficas. Sou grato também ao Engenheiro Carlos Augusto de Andrade Camargo, testamenteiro de Mário, que generosamente autorizou a reprodução neste livro dos artigos de seu tio sobre literatura moderna argentina, como "Apêndice documental". Artigos que até o presente momento apenas eram conhecidos por especialistas. A todos eles, novamente, meu mais sincero reconhecimento. — *E. R. M.*

São Paulo, 26 de setembro de 1977.

1. UM DIÁLOGO CRÍTICO

Já é um lugar-comum da crítica brasileira o paralelo entre Mário e Oswald de Andrade. Bem ou mal (às vezes) estes nomes estarão sempre associados. Formam, há décadas e além das alternativas de vida ou morte, uma dupla das mais destacadas nas letras brasileiras: os anjos anunciadores da literatura modernista, do futuro, que é nosso presente, ainda. Menos óbvia e aparentemente até insustentável é a aproximação entre Mário, o paulista, e Borges, o portenho, que me atrevo a propor aqui. À primeira vista, nada os une senão uma insignificante coincidência cronológica de parte de suas respectivas obras: ambos escreveram e publicaram textos importantes nas décadas que vão de 1920 a 1945. Mas suas imagens públicas, as *pessoas* que foram legadas para a posteridade, são tão diferentes que parecem cancelar de antemão o paralelo. Enquanto Mário ligou o perfil de um homem culto que, sistematicamente se negou a sair da terra, ou como diz através da máscara de seu mais famoso personagem, Macunaíma:

> Paciência, manos! Não vou na Europa,
> não Sou Americano e meu lugar é na
> América. A civilização européia
> decerto esculhamba a inteireza de
> nosso caráter...[1] —,

[1]. Esta frase, do capítulo XIII de *Macunaíma*, foi anexada na terceira edição. Cf. M. Cavalcanti Proença, *Roteiro de Macunaíma* (Rio de Janeiro, Civilização Brasileira, 1969, p. 73). Pela coincidência do texto com declarações de Mário em cartas coetâneas, parece possível atribuir a opinião não apenas ao personagem, como também ao próprio autor.

Borges fixou a imagem de um cosmopolita cuja circunferência é o mundo inteiro e cujo centro não está em nenhuma parte.

Ao nível de suas imagens é impossível o paralelo. Mário é adorado no Brasil, por uma parte considerável da crítica, como protótipo do escritor comprometido com seu tempo; Borges (graças às suas próprias excentricidades políticas) é execrado na Argentina como símbolo do escritor alienado. A esquerda perde frente a Mário toda a capacidade de análise: frente a Borges, todo exercício da leitura. Um é venerado por cada migalha que escreveu; outro, condenado em ausência. Mário é um santo laico; Borges, um trânsfuga.

E no entanto, houve um momento nos anos vinte, precisamente quando ambos estavam empenhados na tarefa de fundar em suas cidades paralelos movimentos de vanguarda, em que Mário e Borges estiveram mais próximos do que hoje é possível imaginar. Houve um momento em que suas obras dialogaram através da barreira das línguas e da ausência de todo contato pessoal. É exatamente este diálogo (inaudível agora, por definição) que gostaria de reconstruir brevemente, porque creio que o som dessas vozes paralelas corre o risco de perder-se de todo no ruído (interessado, cacofônico) que produzem algumas tentativas atuais de ler em voz alta a escritura daqueles anos[2].

---

2. Pela carreira e obra de Mário de Andrade nesse período, baseio-me, sobretudo, nos trabalhos mencionados no prólogo, e em Homenagem a Mário de Andrade, *Revista do Arquivo Municipal*, São Paulo, ano XII, v. CVI, jan.-fev., 1946. Para a carreira e obra de Borges, numa pesquisa que será publicada no meu livro, *Jorge Luis Borges. A Literary Biography*, Nova York, Dutton, 1978.

2. UM PROBLEMA DE LÉXICO

É bem sabido que as literaturas brasileira e hispano-americana desenvolveram seus respectivos cursos, durante alguns séculos, com escassos pontos de contato efetivo. É verdade que a poetisa mexicana, Sor Juana Inés de la Cruz lia e até censurava os sermões do Padre Antônio Vieira, e que Gregório de Matos era um gongorista tão original e heterodoxo como o peruano Caviedes. Também poderia ser ressaltada a "recíproca admiração de Sousândrade pelo peruano Ricardo Palma (...) e deste para com Sousândrade", como apontou Haroldo de Campos[1]. Que Euclides da Cunha tenha lido Sarmiento, é indiscutível; também não há dúvida que Neruda tenha lido e admirado Carlos Drummond de Andrade (e vice-versa). Estas andorinhas e outras mais que se poderiam observar, não fazem, no entanto, um verão completo. Ao longo dos séculos, a cultura brasileira se mostrou, como a hispano-americana, muito mais preocupada em estar em dia com as dos poetas concretistas brasileiros[2]. Também não

---

1. Em carta privada de 29 de outubro de 1977. O conhecido pesquisador cita em sua carta a seguinte apreciação de Palma sobre Sousândrade: «*La Araucana*, de Ercilla, *O Guesa errante*, de Sousa Andrade *y Tabaré*, son los poemas que, en mi concepto, satisfacen más cumplidamente el ideal del americanismo literario». *Apud* FREDERICK G. WILLIANS, *Sousândrade: Vida e Obra* (São Luís, Maranhão, Edições Sioge, 1976, p. 149). Campos indica também outra fonte para a recíproca admiração entre Palma e o poeta brasileiro; veja AUGUSTO e HAROLDO DE CAMPOS, *Sousândrade: Poesia* (Rio de Janeiro, Agir, 1966), p. 52, n.º 23, que cita do livro de JOSUÉ MONTELLO, *Ricardo Palma, Clássico de América* (Rio de Janeiro, Gráfica Olímpia, 1954).

de seus vizinhos de continente, apesar de ter tido e ter atualmente, pessoas muito interessadas em estreitar os vínculos. Como exemplos deste século temos: o mexicano Alfonso Reyes (que foi embaixador de seu país no Rio de Janeiro) e o brasileiro Manuel Bandeira, (que foi professor de literatura hispano-americana na Universidade Federal) e que além do mais travaram uma amizade interessante. Mais recentemente, cabe ressaltar a fecunda interação da poesia e da poética de Octavio Paz com as dos poetas concretistas brasileiros[2]. Também não esqueço que os brasileiros cultos freqüentam mais assiduamente e com maior proveito a literatura hispano-americana que seus colegas hispânicos a brasileira, devido à preguiça (ou incapacidade) de verificar se realmente o português é tão difícil de se ler. (É infinitamente menos difícil que o francês para quem vem do espanhol, mas quem se atreve a protestar contra o imperialismo

2. Na mesma carta citada na nota 1, p. 13, Campos observa que se deve indicar uma diferença entre as respectivas atitudes de Alfonso Reyes e Manuel Bandeira. A do primeiro parece-lhe que se enquadra melhor na «cultura diplomática», pelo menos no que se refere aos contatos relativos à literatura brasileira e «ao nível não-operacional em que parecem ter ficado». Quanto a Bandeira, Campos aponta muito corretamente que na cátedra de Literatura Hispano-Americana da Faculdade Nacional de Filosofia (para a qual foi designado em 1943), «desenvolveu toda uma atividade nesse campo no âmbito acadêmico universitário, publicando inclusive sobre o assunto, em 1949, um «breviário», sob o título *Literatura Hispano-Americana* (Rio de Janeiro, Pongetti)». Campos cita também uma entrevista em que Bandeira inclui entre os autores de sua preferência Ruiz de Alarcón, Sor Juana Inés de la Cruz, Darío, Herrera y Reissig, Nicolás Guillén, Eugenio Florit, Emilio Ballagas, Jorge Carrera Andrade, López Velarde, Carlos Pellicer, Porfirio Barba Jacob, José Hernández... A entrevista está reproduzida em MICHEL SIMON, *Manuel Bandeira* (Paris, Pierre Seghers, «Poétes d'Aujourd'hui», nº 132, 1965, pp. 178-179). A lista é, em poucas palavras, um tanto heterogênea, porém documenta ao mesmo tempo o vasto campo de leituras de Bandeira.

Com respeito às relações entre Octavio Paz e os concretistas, Campos nos traz esta valiosa informação em sua carta: «A diferença de nosso contacto e intercâmbio com Octavio Paz está em que isto se processou e se vem processando em nível de afinidade, de interesses produtivos, fora tanto dos quadros da cultura diplomático-ornamental quanto do acadêmico-universitário, ambas estas últimas, por natureza, tendentes ao ecletismo erudito». Creio que estas palavras situam a questão da melhor forma possível.

cultural galo?) Para um erudito como o dominicano Pedro Henríquez Ureña, que era capaz de construir um panorama da cultura de toda América, quantos críticos literários há que insistem em dizer-se "latino-americanos" e que nem sequer sabem que ignoram tudo da cultura brasileira? Irmãos separados pelo idioma e por estarem culturalmente de costas, com os olhos fixos no horizonte das velhas metrópoles: culturas paralelas que quase não se tocam. Essa é a marca indelével do colonialismo[3]. Por isso, nem na nomenclatura coincidem sempre os movimentos literários do Brasil com os do resto da América Latina. O caso mais notável é precisamente o que se refere às "literaturas de vanguarda". Na América hispânica, significa a variedade de "ismos" que aparecem já no começo dos anos vinte, tanto na Espanha como no nosso continente. No Brasil (como se sabe) o movimento equivalente se chama Modernismo — palavra que para os hispano-americanos é equívoca porque serviu para designar um movimento muito anterior, com características muito distintas e que equivale ao simbolismo e realismo europeus[4].

3. Para uma tentativa exitosa de correlacionar certos momentos privilegiados das literaturas hispano-americana e brasileira, veja-se o ensaio de Haroldo de Campos, «Superación de los lenguajes exclusivos», in CÉSAR FERNÁNDEZ MORENO (coordenador), *América Latina en su Literatura* (México, Unesco-Siglo XXI, 1972), pp. 279-300. Há uma tradução brasileira, consideravelmente ampliada desse ensaio, *Ruptura dos Gêneros na Literatura Latino-Americana* (São Paulo, Editora Perspectiva, 1977). Para uma tentativa de articulação das duas literaturas a partir do descobrimento, veja a minha *Borzoi Anthology of Latin American Literature*, compilada com a ajuda de Thomas Colchie (Nova York, Knopf, 1977, 2 v.).

4. O modernismo hispano-americano corresponde, cronologicamente, ao que na literatura brasileira se chama, «Realismo» e «Simbolismo». Para estes movimentos, veja a *História Concisa da Literatura Brasileira* de ALFREDO BOSI (São Paulo, Editora Cultrix, 1976). Para simplificar a nomenclatura e unir ambos movimentos de vanguarda, talvez seria conveniente pedir emprestado o termo «Modernidade», que hoje tem uso tão freqüente. Deste modo se unificaria um movimento geral que é tão importante também nos países anglo-saxões.

A primeira dificuldade é, pois, a de se deparar de antemão com o problema da nomenclatura quando se pretende instaurar um diálogo de textos entre Mário e Borges. Quando Mário diz, por exemplo, da literatura que está ajudando a fundar em São Paulo, utiliza a palavra Modernismo, e também chama de Modernismo a literatura argentina paralela. Borges, ao contrário, falará da vanguarda argentina chamando-a de *ultraísmo*: nome que designa o movimento hispano-argentino que ele contribuiu para fundar[5]. O primeiro problema do diálogo é, pois, o de estabelecer um léxico.

O segundo, é o de um notável desnível entre a pesquisa já feita sobre o modernismo brasileiro e a apenas iniciada sobre o *ultraísmo* argentino. Desta forma, o *corpus* bibliográfico sobre o movimento brasileiro chegou a notáveis níveis de erudição e crítica, enquanto que os estudos equivalentes sobre a vanguarda argentina são escassos e estão, geralmente, mal documentados. Não existe nada semelhante ao livro de Mário da Silva Brito (*História do Modernismo Brasileiro*, 1958), nem há recompilação erudita de enfoques críticos diversos, do tipo de *A Literatura no Brasil*, dirigida pelo Professor Afrânio Coutinho (1955-1959). A maior parte dos que escrevem sobre o tema na Argentina ignoram até os dados históricos mais elementares. Figuras que foram decisivas

5. Borges sempre zombou suavemente do termo «vanguardia» cuja genealogia foi estudada por RENATO POGGIOLI, *The Theory of the Avant-Garde* (Nova York, Harper and Row, 1971; 1ª edição italiana, 1962). Num artigo até hoje não incluído em nenhum livro, «La paradoja de Apollinaire», Borges diz brilhantemente: «Con alguna evidente salvedad (Montaigne, Saint-Simon, Bloy) cabe afirmar que la literatura de Francia tiende a producirse en función de la história de esa literatura. Si cotejamos un manual de la literatura francesa (*v.g.* o de Lanson ou o de Thibaudet) con su congénere británico (*v.g.* o de Saintsbury o el de Sampson), comprobaremos no sin estupor que éste consta de concebibles seres humanos y aquél de escuelas, manifiestos, generaciones, vanguardias, retaguardias, izquierdas o derechas, cenáculos y referencias al tortuoso destino del capitán Dreyfus.» (*Anales de Buenos Aires*, Buenos Aires, ano I, nº 8, ago. 1946, p. 48).

para a vanguarda, como o poeta Oliverio Girondo, ainda estão para serem estudadas seriamente. O *ultraísmo* argentino e a vanguarda que esse movimento anuncia são ainda *terrae incognitae*[6].

O terceiro problema (e aqui volto ao diálogo esboçado) é o da ausência de um estudo sistemático dos contatos — escassos mas reais — que houve entre o Modernismo brasileiro e o *ultraísmo* argentino. Os poucos dados conhecidos — o poeta argentino Nicolás Olivari visitou o Brasil em 1925 e resenhou a situação poética do Modernismo para o jornal, *Martín Fierro,* órgão dos vanguardistas; Mário dedicou vários artigos num jornal paulista à nova literatura argentina; Oliverio Girondo visitou o Brasil em várias ocasiões e até chegou a travar amizade com Oswald de Andrade —, essas migalhas de informações não chegam a configurar uma pesquisa mas permitem justificar o seu início[7].

6. Evidentemente não me esqueço do excelente livro, *El Ultraísmo*, de GLORIA VIDELA (Madri, Gredos, 1963), mas como seu subtítulo indica, consiste em «Estudios sobre movimientos poéticos de vanguardia en España», e não chega a estudar o ultraísmo argentino ou uruguaio.

Atualmente a autora prepara um trabalho sobre o movimento argentino que certamente contribuirá para conhecer um pouco mais um período tão mal estudado das letras rio-pratenses.

7. Uma das visitas de Oliverio Girondo ao Brasil ficou documentada num artigo de OSWALD DE ANDRADE, «Sol de meia-noite» que foi publicado em *Ponta de Lança* (in *Obras Completas,* Rio de Janeiro, Civilização Brasileira, 1972, v. 5, 3ª ed., pp. 63-64). O artigo original é de 1943 e situa Girondo com estas palavras: «Agora mesmo, acabo de levar à estação o casal argentino Oliverio Girondo...» (p. 63). Com relação ao período ultraísta, Oswald diz na mesma página: «Oliverio Girondo é um mosqueteiro de 22. Enquanto nós aqui fazíamos a *Semana* turbulenta (...), Girondo e seus companheiros de *Martín Fierro* levavam a alma autêntica da Argentina para os mesmos rumos expressionistas donde sairia a fala nova». Ainda que Oswald esteja referindo-se exclusivamente à revolução poética da vanguarda, é possível que o contexto político da evocação (lembre-se que estamos em 1943) tenha feito pensar alguns leitores desavisados que Oswald também se referia a uma revolução social. Como se verá mais adiante, Girondo estava muito distanciado, nos anos vinte, de todo e qualquer compromisso político.

Os artigos de Mário sobre a literatura argentina «moderna» serão estudados aqui mesmo, a partir do Cap. 4.

O artigo de Nicolás Olivari está incluído no «Apêndice Documental» deste livro. Foi publicado inicialmente em *Martín Fierro*, quase dois anos antes do primeiro artigo de Mário, em duas vezes, 10 e 25 de setembro de 1925. Mas é muito inferior àqueles do ponto de vista crítico. Na realidade, não passa de uma crônica jornalística que se apóia numa longa conversa de Olivari com Menotti del Picchia. A perspectiva apresentada do Modernismo brasileiro é parcial em mais de um sentido. Menotti concede importância decisiva ao *Urupês*, de Monteiro Lobato, e inclui numa longa enumeração. Oswald de Andrade, dedicando um pouco mais de atenção (comparativamente) à *Paulicéia Desvairada*, de Mário. O entrevistador não parece conhecer diretamente os textos que menciona. As erratas são atrozes.

3. BORGES, CRÍTICO DA VANGUARDA

Como o *ultraísmo* argentino é menos conhecido no Brasil que as vanguardas européias, é interessante começar situando rapidamente seu curso. O nome procede da palavra *ultra,* além, que serviu para definir inicialmente a vocação futurista do movimento. (Com o mesmo sentido, uma das revistas fundadas por Borges se chamará, *Proa.*) Embora derivado do movimento espanhol do mesmo nome, o argentino não é mero reflexo dele, e sim um movimento original. Para entender este fenômeno singular é necessário recordar que na fundação do movimento espanhol, dois poetas hispano-americanos desempenharam o papel principal: o chileno Vicente Huidobro e o argentino Jorge Luis Borges. Ao impulso e talento de ambos se deve, sobretudo, a aceleração posta em dia de um processo literário de europeização da Espanha que estava sendo desenvolvido muito lentamente. De certo modo, a presença sucessiva de ambos na Espanha, no começo dos anos vinte, foi decisiva para a implantação das vanguardas. Huidobro chegava de Paris a Madri, em 1920, saturado por sua fecunda experiência cubista e dadaísta; Borges trazia de Genebra — onde passou obscuramente os anos da Primeira Guerra Mundial, fazendo seu bacharelado no Collège Calvin — o descobrimento radical do expressionismo germânico. A dupla ação poética, paralela e autônoma de Huidobro e Borges sobre os jovens poetas e teóricos espanhóis possibilitou a aparição do *ultraísmo* na Espanha, já em 1921.

Uma polêmica precoce entre Huidobro e um dos mais ativos organizadores espanhóis da vanguarda, o então poeta Guillermo de Torre, serviu para desvirtuar, desde o início a contribuição original do autor chileno e converteu-se em fonte de equívocos que permanecem até hoje. Para cúmulo, no seu regresso ao Chile, Huidobro teria que empenhar-se em outra polêmica, mais ou menos estéril, ao impor uma variante sua da vanguarda, o *creacionismo,* e ao tratar de convencer todo mundo que foi ele (ou ELE), e não Pierre Reverdy, que o havia inventado[1]. Mais sensato, Borges, ao chegar a Buenos Aires, esqueceu-se completamente do problema da primazia, afinal secundário, e a partir de 1921 dedicou-se muito ativamente a organizar o *ultraísmo* argentino. Com a ajuda de alguns poetas jovens, e dos escritores mais velhos que tinham sobrevivido intactos ao colapso do Modernismo argentino, conseguiu fundar algumas revistas literárias (*Prisma,* revista mural; *Proa,* em duas etapas; *Martín Fierro* em que teve menor participação). Até fins dos anos vinte, e com ajuda destas revistas e de sua própria produção poética e crítica, Borges manteria a liderança do movimento de vanguarda na Argentina.

Dos dois mestres que acompanharam a tarefa e contribuíram decisivamente para o seu triunfo, o maior era Macedonio Fernández. Nascido em 1874, era amigo

1. Para a polêmica entre Huidobro e Guillermo de Torre, convém confrontar o que diz este último em seu *Literaturas Europeas de Vanguardia* (Madri, Caro Raggio, 1925) e na ampliação do mesmo livro que publicou com o título ambicioso de *Historia de las literaturas de vanguardia* (Madri, Guadarrama, 1965) com os textos da época que René da Costa apresenta em sua recompilação, *Vicente Huidobro y el Creacionismo* (Madri, Taurus, 1975). Será possível ver até que ponto, já em 1925, Guillermo de Torre tinha manipulado aqueles textos originais para se dar um papel central e excessivo na fundação da vanguarda espanhola.

e contemporâneo do pai de Borges. Embora seja provável que o tenha conhecido ainda quando criança, antes da viagem à Europa, as lembranças de Macedonio que Borges evoca sempre começam naquele dia de 1921 em que o amigo foi esperar os Borges, no porto de Buenos Aires, no regresso da Espanha. Embora escrevesse desde o final do século anterior, Macedonio não tinha publicado nada: sua estréia (aos 54 anos) deve-se em grande parte à devoção e amistosa insistência de Borges. O outro mestre destes jovens vanguardistas foi Ricardo Güiraldes, um pouco mais jovem que Macedonio e autor de vários livros de prosa e verso que a crítica oficial argentina tinha ignorado ou minimizado. Nascido em 1888, Güiraldes esperou até que Borges e seus companheiros lessem o seu mais revolucionário livro de versos, *El Cencerro de Cristal* (1915), e as páginas ainda inéditas de seu romance, *Don Segundo Sombra,* para encontrar o seu verdadeiro *habitat* literário.

Mas se Borges foi o primeiro a difundir o *ultraísmo* na Argentina, o primeiro a definir num manifesto sua poética e o primeiro também, a mostrar a fecundidade de um entroncamento com o Expressionismo, ele foi do mesmo modo o primeiro a advertir sobre os excessos do movimento, e a ressaltar suas limitações. Depois de uma segunda viagem à Espanha em 1923-1924, seu apoio à vanguarda se torna cada vez mais crítico. No seu regresso, reconhece em Buenos Aires os mesmos sinais de cansaço que havia registrado em Madri. Escreve, então, a resenha de um livro ultraísta em que insere um balanço do movimento. Trata-se do comentário de um volume de poemas de Eduardo González Lanuza, escritor prolífico, que era muito conhecido na época e hoje está bastante esquecido. Borges incluiu a resenha em seu primeiro livro de ensaios,

Inquisiciones (1925), o que indica a importância que lhe atribuía[2].

Começa definindo e distinguindo o *ultraísmo* espanhol do argentino:

> El ultraísmo de Sevilla y Madrid fue una voluntad de renuevo, fue la voluntad de ceñir el tiempo del arte con un ciclo novel, fue una lírica escrita como con grandes letras coloradas en las hojas del calendario y cuyos más preclaros emblemas — el avión, las antenas y las hélices — son decidoras de una actualidad cronológica. El ultraísmo en Buenos Aires fue el anhelo de recabar un arte absoluto que no dependiese del prestigio infiel de las voces y que durase en la perennidad del idioma como una certidumbre de hermosura. Bajo la enérgica claridad de las lámparas, fueron frecuentes, en los cenáculos españoles, los nombres de Huidobro y de Apollinaire. Nosotros, mientras tanto, sopesábamos líneas de Garcilaso, andariegos y graves a lo largo de las estrellas del suburbio, solicitando un límpido arte que fuese tan intemporal como las estrellas de siempre. Abominamos los matices borrosos del rubenismo y nos enardeció la metáfora, por su algébrica forma de correlacionar lejanías (96-97).

Já se percebe aqui a nítida vontade de distinguir o aspecto acentuadamente futurista do *ultraísmo* espanhol, do afã mais clássico, e por sua vez, mais radicado na circuns-

---

2. *Inquisiciones* foi publicado em edição de pequena tiragem pela revista *Proa*, que Borges dirigia (Buenos Aires, 1925). Este livro de ensaios e os dois seguintes que se enquadram no mesmo gênero, foram excluídos da coleção de *Obras Completas*, do autor compiladas por José Edmundo Clemente para Emecé Editores, a partir de 1953. Em seu «Autobiographical Essay», Borges explicou comicamente o porquê desta autocensura: «Three of the four essay collections — whose names are better forgotten — I have never allowed to be reprinted. In fact, when in 1953 my present publisher — Emecé — proposed to bring out my 'complete writings', the only reason I accepted, was that it would allow me to keep those preposterous volumes suppressed». (*The Aleph and Other Aleph and Other Stories*, 1933-1969, edited and translated by Norman Thomas di Giovanni, in collaboration with the author, Nova York, Dutton, 1970, p. 30.) Esta autocensura de Borges torna ainda mais difícil o trabalho de pesquisa necessário para reconstruir o período. Felizmente, *Inquisiciones* encontra-se na biblioteca de Mário, conservada atualmente no Instituto de Estudos Brasileiros da Universidade de São Paulo, e que foi organizada por Telê Ancona López. Neste trabalho, todas as citações se fazem com a indicação, ao final, entre parênteses, da página correspondente.

tância americana (neste caso, o subúrbio de Buenos Aires) do *ultraísmo* argentino. O que, no entanto, continua unindo os dois movimentos divergentes é o predomínio da metáfora como instrumento poético *par excellence*. Ao se referir a Huidobro/Apollinaire por um lado, e ao poeta renascentista espanhol, Garcilaso de la Vega, por outro, Borges procura documentar com o breve catálogo de autoridades sua repulsa a tudo que possa parecer entrega superficial a uma moda, à mera novidade: defeito que afligiu a tantos movimentos de vanguarda.

Continuando a análise, na mesma resenha, sobre o *ultraísmo* argentino, Borges chega precocemente à verificação de que, inadvertidamente, o movimento de liberdade que havia dirigido estava se convertendo em fonte de restrições:

he comprobado que, sin quererlo, hemos incurrido en otra retórica, tan vinculada como la antigua al prestigio verbal. He visto que nuestra poesía cuyo vuelo juzgábamos suelto y desenfadado, ha ido trazando una figura geométrica en el aire del tiempo. Bella y triste sorpresa la de sentir que nuestro gesto de entonces, tan espontáneo y fácil, no era sino el comienzo torpe de una liturgia (97-98).

Se Borges era um crítico agudo do *ultraísmo* por volta da metade da década de vinte, não era mais condescendente com toda a vanguarda européia[3]. O próprio volume de *Inquisiciones* contém um estudo sobre a rivalidade entre dois escritores espanhóis, Ramón Gómez de la Serna e Rafael Cansinos Assens, que também foram

3. Já na Espanha, e quando se unia a Guillermo de Torre através de uma camaradagem de geração que depois acabaria por se esgotar, Borges manifestou com uma ironia exata sua opinião sobre os excessos de zelo do crítico espanhol. Em seu livro sobre o período, Gloria Videla apresenta um comentário de Enrique Díez-Canedo, que é sumamente revelador. Ao se referir à revista, *Reflector* e a Guillermo de Torre, que era seu secretário de redação, diz o conhecido crítico: «Ultimamente, hablando de un manifiesto de

influentes na introdução da vanguarda na Espanha. O artigo, "La traducción de un incidente", inclui um balanço negativo da vanguarda:

> La literatura europea se desustancia en algaradas inútiles. No cunde ni esa dicción de la verdad personal en formas prefijadas que constituye el clasicismo, ni esa vehemencia espiritual que informa lo barroco. Cunden la dispersión y el ser un leve asustador del leyente. En la lírica de Inglaterra medra la lastimera imagen visiva; en Francia todos aseveran — ¡cuitados! — que hay mejor agudeza de sentid en qualquier Cocteau que en Mauriac; en Alemania se ha estancado el dolor en palabras grandiosamente vanas y en simulacros bíblicos. Pero también allí gesticula el arte de sorpresa, el desmenuzado, y los escribidores del grupo Sturm hacen de la poesía, empecinado juego de palabras y de semejanzas de sílabas. España, contradiciendo su historia y codiciosa de afirmarse europea, arbitra que está muy bien todo ello[18].

Contra esse otimismo e frivolidade vanguardistas, Borges propõe uma poesia mais simples e íntima, mais

este bravo campeón, dijimos cuán equivocado nos parecía, y los trabajos que de él publica *Reflector*, en general, no nos hacen modificar el juicio. Jorge Luis Borges, que tiene talento, ríe las gracias de 'Vertical'» (p. 58). Em um texto de 1925 publicado em *Martín Fierro*, Borges deixa ainda mais públicas suas reservas. Trata-se de resenha de *Literaturas Europeas de Vanguardia*, que se publicou no nº 20 (5 de agosto, 1925). Depois de alguns elogios ao autor, à sua juventude, e à diligência com que compôs este livro «infinito», Borges adianta uma achega fundamental: « ..quiero echarle en cara su progresismo, ese ademán molesto de sacar el reloj a cada rato. Su pensamiento traducido a mi idioma (con evidente riesgo de sofisticarlo y cambiarlo) se enunciaría así: nostros los ultraístas ya somos los hombres del viernes; ustedes rubenistas son los del jueves y tal vez los del miércoles, 'ergo', valemos más que ustedes... A lo cual cabe replicar: ¿Y cuando viene el sábado, donde lo arrinconan al viernes? Tambien podemos retrucarle con su propio argumento y señalarle que esa primacía del viernes sobre el jueves, del hoy sobre el ayer, ya es achaque del jueves, quiero decir del siglo pasado. No Spengler, sino Spencer, es pensador del despueísmo de Torre» (p. 4). Por «rubenistas», Borges quer dizer «modernistas», ou seja, simbolistas no léxico brasileiro. O adjetivo vem, naturalmente, do nome próprio de Rubén Darío. Mas o que importa, sobretudo, nesta resenha é a zombaria amável mas incisiva, de uma das ilusões mais tenazes do *ultraísmo* e de toda vanguarda: o afã futurista, a projeção em direção a uma utopia de eterna modernidade. Neste sentido, a referência a Spencer (o apóstolo do progresso no século XIX) é demolidora. Esse texto é mais uma confirmação de que já em 1925, Borges estava voltando do *ultraísmo* e outros ismos.

próxima da realidade profunda da Argentina que ele descobriu (deslumbrado) no seu retorno da Europa. Essa realidade, que já tinha cantado nos seus dois primeiros livros de versos (*Fervor de Buenos Aires*, 1923; *Luna de enfrente*, 1925), ocupará muitas páginas de seus três primeiros livros de ensaios (além do já mencionado: *El tamaño de mi esperanza*, 1926, e *El idioma de los argentinos*, 1928). No artigo sobre os dois escritores espanhóis, seu novo credo poético, que ele chama *criollismo*, está expressado assim:

> Europa nos ha dado sus clásicos, que asimismo son de nosotros. Grandioso y manirroto es el don; no se si podemos pedirle más. Creo que nuestros poetas no deben acallar la esencia de anhelar de su alma y la dolorida y gustosísima tierra criolla donde discurren sus días. Creo que deberían nuestros versos tener sabor de patria como guitarra que sabe a soledades y a campo y a poniente detrás de un trebolar...(19)

A partir dessa declaração, e mesmo nos primeiros anos da década de trinta, Borges tentará definir no verso de seus poemas, na prosa de seus ensaios, na biografia do poeta popular, *Evaristo Carriego* (1930) e até em seus primeiros ensaios de ficção *costumbrista* ("Hombres pelearon", 1928; "Hombre de la esquina rosada", 1933), um *criollismo* essencial, não acidental, que vem não apenas da herança cultural argentina mas também da biografia e do sangue do poeta. Esse *criollismo* não nega a herança européia mas a transforma através de experiências do poeta no tempo (a História ainda viva) e no espaço (o pampa e o subúrbio que descobre nas beiras da cidade moderna que já é Buenos Aires).

Esse é o Borges que será lido, parcial mas penetrantemente, por Mário de Andrade, o Borges que ele admirará e comentará em alguns artigos brilhantes de crítica jornalística.

4. UM LEITOR PRIVILEGIADO

Desde o início de sua prédica modernista, Mário (como Borges) se mostrou preocupado em definir um conceito verdadeiramente nacional da cultura e da literatura brasileira. Seu vanguardismo nunca foi tão completamente cosmopolita como o de seu amigo e colega, Oswald de Andrade[1]. Borges e Mário eram então homens de biblioteca, de livros cuidadosamente lidos e anotados, preservados para sempre numa memória de cego vocacional (Borges) ou inclusive na materialidade física do volume fetichisticamente ordenado na estante (Mário)[2]. Em ambos, a atividade crítica era paralela

1. Para uma releitura crítica da obra modernista de Mário e Oswald de Andrade, convém examinar cuidadosamente tanto a *Morfologia do Macunaíma*, de HAROLDO DE CAMPOS (São Paulo, Perspectiva, 1973) quanto seus prólogos da reedição em um volume dos dois romances modernistas de Oswald: *Memórias Sentimentais de João Miramar e Serafim Ponte Grande* (in *Obras Completas*, Rio de Janeiro, Civilização Brasileira, 1971, v. 2, pp. XI-XLV e 99-127).

2. A crítica argentina difundiu a imagem de Borges como um homem da classe endinheirada. A verdade é que por sua origem, pertence à pequena burguesia de província. Até 1937 não teve um emprego fixo e mal ou bem remunerado, viveu até os 38 anos da modestíssima aposentadoria de seu pai, advogado que teve que retirar-se prematuramente da vida ativa por causa de sua crescente cegueira. Como o pai queria que Borges se dedicasse inteiramente a escrever, este apenas procurou um emprego permanente quando a crise econômica de 1930 reduziu ainda mais a aposentadoria paterna. Isto explica o fato de Borges nunca ter tido uma biblioteca pessoal considerável. Desde criança, usou a de seu pai (que foi vendida numa das mudanças); mais tarde, a Nacional e a de seus amigos abastados (Victoria Ocampo, Adolfo Bioy Casares). Como a fama e o dinheiro lhe chegou tarde, quando já estava praticamente cego, sua biblioteca, ainda hoje, não supera os mil volumes. Mário,

à poética ou à narrativa, e às vezes a precedia. Para eles, a comunicação no nível do discurso poético era quase tão importante como no nível do verso ou da ficção. Daí o papel de fundadores de uma época literária ser tão relevante.

Essa seriedade profissional com que ambos exerciam o duplo ofício de leitores e escritores, não excluía naturalmente a dimensão lúdica. Nascido em 1893, portanto seis anos mais velho que Borges (1899), Mário tinha descoberto, já aos anos vinte, a grande veia da paródia, que haveria de manifestar-se nele sob todas as máscaras: desde o jogo de alusões no título de um de seus ensaios mais importantes: *A escrava que não é Isaura* (1925), até a parodização total que implica sua novela, *Macunaíma* (1928)[3]. Borges, enquanto isso, ainda escudava seus formidáveis dotes de parodista sob a máscara retórica da ironia. Apenas alguns jogos (o uso etimológico das palavras, como no título *Inquisiciones,* suas investigações críticas) antecipavam a obra parodística dos anos trinta e quarenta[4].

Apesar destes e de outros jogos, a imagem predominante que tanto Borges quanto Mário projetavam nos anos vinte era a do intelectual de gabinete. Isso não

ao contrário, pertencia a uma classe mais endinheirada e pôde se dar ao luxo de formar uma bela coleção de livros. Dizem que no seu afã bibliófilo, costumava comprar dois exemplares dos livros que realmente lhe interessavam: um para ler e sublinhar sem piedade, outro para conservar intacto na cuidada biblioteca.

3. O primeiro título, como se sabe, parodia o de um romance antiescravista do narrador mineiro Bernardo Guimarães (*A Escrava Isaura*, 1875), que recentemente mereceu a duvidosa honra de ser convertido numa telenovela. Como observa Campos na carta citada na nota 1, Cap. 2, Mário, em seu ensaio, subintitulado, «Discurso sobre algumas tendências da poesia modernista», «ironicamente assumia que a poesia brasileira era uma *escrava* dos cânones passadistas, a qual o Modernismo, como um novo abolicionismo, deveria resgatar...»

4. Para maiores detalhes, veja o Cap. 6 deste trabalho.

quer dizer (aclaro para evitar certas literalidades) que Mário ou Borges estavam apenas preocupados com a realidade verbal. Ao contrário, Mário já estava, e esteve sempre até sua morte prematura em 1945, muito aberto às realidades sociais e políticas de seu país. Em suas pesquisas folclóricas, acompanhou muito de perto o processo da cultura brasileira verdadeiramente popular. Borges, por outro lado, era então mais radical que Mário no que diz respeito à recuperação dos valores populares. Não apenas transformou o anarquismo filosófico que herdou de seu pai numa participação ativa — em 1927 liderou um movimento de jovens intelectuais que apoiavam a nova candidatura presidencial do ex-Presidente Yrigoyen —, como também dedicou os melhores ensaios dessa época ao estudo do *criollismo* e suas raízes populares, ao tango e ao subúrbio, à língua realmente falada na Argentina[5]. Ressalto esse aspecto porque a maior parte de seus leitores de hoje ignoram este Borges e (o que é inadmissível) projetam sobre a obra do jovem escritor dos anos vinte e trinta a imagem do ancião apocalíptico que, para manifestar sua visão totalmente carnavalizada do mundo, rebaixa-se elogiando Franco (quando este já não detinha o poder) e Pinochet (quando até a Casa Branca chega a ignorá-lo).

Para evitar este tipo de leitura anacrônica dos textos de Borges e de Mário dos anos vinte, não há outro remédio senão buscar apoio nas publicações jornalísticas do período. O documento talvez mais importante para a

---

5. Apesar de ter ganho a reeleição honestamente e com grande margem de votos, Yrigoyen foi deposto pelo General Uriburu, no primeiro golpe militar importante argentino, o que inicia a «década infame». Esse golpe desilude Borges para sempre do processo político de sua pátria. Para o *criollismo*, além dos ensaios mencionados no texto deste estudo, deverá ser consultado o que dá o título ao segundo livro de Borges no gênero, *El Tamaño de mi Esperanza* (Buenos Aires, Proa, 1926, pp. 5-10).

exata reconstrução do aspecto das relações entre o Modernismo brasileiro e o *ultraísmo* argentino, é a série de cinco artigos sobre as letras argentinas contemporâneas, que Mário publicou no *Diário Nacional* de São Paulo, entre 30 de outubro de 1927 e 20 de maio de 1928. O conjunto pode ser dividido em dois grupos: o primeiro consiste na resenha de uma antologia poética argentina; o segundo reúne quatro artigos relacionados entre si em que Mário oferece um panorama da "Literatura Modernista Argentina"[6].

Antes de começar a resenhar seus aspectos principais, convém advertir que embora seu nível crítico seja muito elevado, se trata de artigos de caráter jornalístico. Pelo lugar para o qual foram destinados, mantém um tom coloquial, irônico e até irreverente, que, em vez de prejudicá-los, preservou-os do ranço da solenidade. O que importa não é o destino de peças ocasionais, senão a formidável intuição crítica que os certifica. Só os distraídos pensam que o jornalismo é frívolo, ou fácil; pode ser exemplar quando está nas mãos de um Sarmiento e um Machado de Assis, um Martí e um Euclides da Cunha, um Mário de Andrade e um Borges.

O primeiro artigo dos cinco é uma resenha bastante breve de uma antologia recém-publicada em Buenos Aires: *Exposición de la Actual poesía argentina*, compilada por Pedro Juan Vignale e César Tiempo. Ao contrastá-la favoravelmente com a acadêmica antologia de Julio Noé (publicada em Buenos Aires um ano antes), Mário não deixa de observar que aquela é uma antologia

---

6. Os cinco artigos estão reproduzidos na íntegra no «Apêndice Documental» deste livro. Foram publicados no *Diário Nacional*, com os seguintes títulos e nas datas indicadas: «Poesia Argentina» (30 de outubro de 1927); «Literatura Modernista Argentina» (em quatro partes, que correspondem sucessivamente a 22 de abril, 29 de abril, 13 de maio e 20 de maio de 1928).

"viva". Também ressalta com aprovação o elemento irônico e burlesco que prevalece em muitos aspectos de sua organização ainda que Mário não destaque esses elementos, certamente terá se divertido com a declaração de Borges, na ficha documental do final do volume, de que sua profissão é a de "poliglota". Mário também acompanha os ultraístas na burla da poesia, então oficial de Leopoldo Lugones, a quem Noé tinha dedicado a parte do leão na sua arca[7].

Na mesma resenha, Mário se manifesta também contra o abuso da metáfora que caracteriza os movimentos de vanguarda — ataca, por exemplo, os "pseudo-poetas da metáfora pela metáfora" — o que coincide notavelmente com os escritos de Borges nos ensaios, já citado, de *Inquisiciones*. Mário também não se esquece das preocupações do leitor brasileiro, que são as suas próprias. Reconhece a dificuldade de se manter, no Brasil, atento ao que ocorre na poesia argentina e escreve: "destas lonjuras não podemos seguir dia por dia as forças e as conquistas de lá". Nestas palavras se nota uma certa tristeza ao comparar o processo da poesia argentina com o brasileiro. A mesma atitude autocrítica estará mais em evidência na série de quatro artigos sucessivos que dedica à literatura "modernista" argentina. Como escreve para um leitor brasileiro, Mário não se preocupa com a questão da nomenclatura que implica a expressão e evita ao máximo o qualificativo "ultraísta". Para ele, como para seus leitores, os vanguardistas argentinos são modernistas.

---

7. PEDRO JUAN VIGNALE e CÉSAR TIEMPO, *Exposición de la actual poesía argentina (1922/1927)* (Buenos Aires, Minerva, 1927). Segundo Raul Antelo, numa conferência sobre Mário e suas leituras hispano-americanas (Rio de Janeiro, 3 de agosto de 1977), Mário teria conhecido Vignale em 1926, por intermédio do crítico argentino, Luis Emilio Soto.

5. SOBRE O NACIONALISMO LITERÁRIO

O primeiro artigo dos quatro que Mário dedica à "Literatura Modernista Argentina" (22 de abril de 1928) está orientado sobretudo para mostrar a diferença que há entre as literaturas argentina e brasileira. O que Mário ressalta em primeiro lugar é a diferença formal: "o ritmo que organiza a literatura modernista" argentina parece mais forte que o brasileiro. Antes de deixar claro o conceito, explica que "certos ideais de americanismo e latino-americanismo não conseguem interessar-me". Neste ponto, Mário coincide radicalmente com Borges, que até hoje se mantém resistente à aceitação da utopia americanista geral, para insistir, ao contrário, nas verdadeiras raízes nacionais de cada país. Borges poderia ter endossado, então, o conceito de pátria que Mário oferece naquele artigo. O crítico brasileiro afirma que lhe interessa, isso sim, "o conceito político de pátria, embora ele me repugne. Mas, repudio todo e qualquer 'patriotismo' que se manifeste política ou idealistamente. Do patriotismo só compreendo o gesto que se resume no trabalho imediato por aquela raça e parte da Terra que nos interessam diretamente porque vivemos nelas". Nos fragmentos já citados de *Inquisiciones* e num artigo muito importante do mesmo livro ("Queja de todo criollo", 131-138), Mário poderia ter encontrado textos paralelos ao seu. Mas o crítico brasileiro é ainda mais explícito que o argentino e chega a dizer, com cômica ênfase coloquial: "Tenho horror a essa história de 'América Latina'... Tenho horror ao Pan-americanismo"[1]. Voltando agudamente seus olhos sobre a vanguarda argentina, Mário contrasta o nacionalismo brasileiro de certos modernistas (não cita nomes mas um leitor da época pode identificá-los facilmente) com o nacionalismo mais natural dos escritores argentinos. Enquanto que o dos patriotas locais lhe parece "desbragado, às vezes caído num patriotismo de bafafá" (como escreve humoristicamente), o argentino lhe parece revelar uma "inconsciência nacional"; ou seja: o nacionalismo argentino vem das próprias raízes e não é um produto da decisão consciente. Segundo Mário, "o argentino se tornou naturalmente um ser afirmativo, um ser que olha de cima... Quando já falam que a Argentina é um grande país e Buenos Aires uma grande capital, falam duas verdades incontestáveis. Isso dá aquela calma necessária de si mesmo, aquela confiança na terra e no patrício que são os elementos mais úteis para determinação, firmação e permanência dos caracteres psicológicos". Para Mário, resumindo, o argentino se sente como na sua casa, dentro de uma cultura própria.

1. A expressão América Latina, embora tenha sido cunhada por um hispano-americano, deve sua difusão universal aos agentes de publicidade de Napoleão III, que necessitavam justificar a expansão imperialista da França no século XIX pelo que tinha sido o mundo colonial hispânico. Servia aos interesses de um grupo cultural, político, econômico que se sublinhava o adjetivo *latina* o fazia para unificar seus clientes, sob um adjetivo que favorecia a hegemonia francesa. Que suas intenções não eram realmente culturais, está demonstrado pela infeliz intervenção da França no México que culmina com o fuzilamento do imperador Maximiliano em Querétaro (19 de junho de 1867). Neste século, os norte-americanos usaram a expressão com o mesmo fim, embora simetricamente oposto: distinguir a América saxônia de nossa América. Para uma discussão sobre o conceito, veja meu trabalho, «La Integración de la Cultura Latinoamericana», in *América Latina: Conciencia y Nación* (Caracas, Equinoccio, Universidad Simón Bolívar, 1977, pp. 149-156). O pan-americanismo, embora criado visionariamente por Bolívar caiu em seguida nas mãos dos Estados Unidos, como muito bem se sabe. Mário tinha as melhores razões para desconfiar de ambos os termos.

O enfoque de Mário nesta passagem — embora não prescinda de observações sócio-econômicas elementares (Buenos Aires era uma "grande capital" enquanto que São Paulo ainda não) — paga maior tributo aos enfoques históricos e até filosóficos de Oswald Spengler e Hermann Keyserling, derivados de Humboldt e Hegel, que tanto influíram na ideologia americanista da época, graças à generosa difusão destas idéias a que se dedicou Ortega y Gasset através da *Revista de Occidente*[2]. Embora Borges nunca tenha respeitado Keyserling (teve a duvidosa honra de conhecê-lo pessoalmente quando foi hóspede ávido de Victoria Ocampo)[3], a leitura de Spengler foi, ao contrário, um dos descobrimentos de maior deleite de sua segunda viagem à Espanha, em 1923. Dessa leitura inicial — o livro, na época, estava apenas parcialmente traduzido para o espanhol, e com sua impaciência, Borges recorreu ao original alemão — teria que nascer uma década mais tarde a aguda microbiografia do filósofo alemão que Borges escreveria para *El Hogar*[4]:

---

2. Para o papel de Ortega y Gasset na difusão e adaptação destes e outros pensadores à cultura hispânica, veja CIRIACO MORÓN ARROYO, *El sistema de Ortega y Gasset* (Madri, Alcalá, 1968). Para um exame da influência destes pensadores na literatura modernista brasileira, veja a introdução de Benedito Nunes aos manifestos e escritos de poética de Oswald de Andrade. Estão mencionadas leituras decisivas que Mário em parte compartilhou: *Obras Completas*, (Rio de Janeiro, Civilização Brasileira, 1970, v. 6, XXXIII, XLIX e LI, especialmente). Para um estudo da assimilação destes conceitos e sua aplicação na realidade hispânica, veja-se IRLEMAR CHIAMPI CORTEZ, *A Poética do Realismo Maravilhoso*, que será publicado brevemente pela Editora Perspectiva de São Paulo.

3. Sobre a catastrófica visita de Keyserling a Buenos Aires, veja o divertido relato de VICTORIA OCAMPO em *El viajero y una de sus sombras* (Buenos Aires, Sudamericana, 1951).

4. Cf. «Biográfias sintéticas: Oswald Spengler», in «Libros y autores extranjeros», *El Hogar*, Buenos Aires, 25 de dezembro, 1936, p. 28. Sua opinião sobre *La decadência de occidente* pode ser resumida assim: «Schopenhauer ha escrito: 'No hay una ciencia general de la historia; la historia es el relato insignificante del interminable, pesado y deshilvanado sueño de la humanidad'. Spengler, en su libro, se propuso demostrar que la historia podía ser algo más

Para contrastar a segurança inconsciente dos argentinos com a voluntariedade nacionalista dos brasileiros, Mário censura no primeiro artigo dos quatro, "os amazonas de tinta que os modernos do Brasil fazem correr a respeito de brasilidade e a ausência quase absoluta disso nos livros e revistas modernas da Argentina". E acrescenta, registrando uma exceção: "Só o nome de *Martín Fierro* é tendencioso". Aqui Mário comete um delicado erro embora, este, não altere a exatidão de seu julgamento. A revista *Martín Fierro* a que se refere, e que foi fundada em 1924, deve seu título ao célebre poema "gauchesco" de José Hernández (1872-1879), não por razões nacionalistas e sim políticas. O que interessava aos fundadores era a atitude do poeta "gauchesco", e seu personagem de "cantar opinando". Como estes, os jovens argentinos dos anos vinte se sentiam comprometidos com sua circunstância. A atitude militante atenuou-se quase em seguida, quando um grupo mais "ultraísta" começou a dirigir o semanário. O grupo era encabeçado por Oliverio Girondo que na época era um *playboy* de indiscutível engenho verbal, um humorista de veia extravagante, o equivalente argentino de Oswald de Andrade. Mais tarde, Girondo se voltaria para o socialismo e até escreveria poesia comprometida com a realidade imediata. Mas essa é uma história dos anos trinta. Paradoxalmente, quem representou a atitude comprometida foi Borges, como já indiquei. Em 1927, a nova candidatura de Yrigoyen, dividiu os martinfierristas: os comprometidos ficaram com Borges e os poetas puros com Girondo. É óbvio que Mário não estava a par de todas estas circunstâncias quando escreveu os

que una mera y chismosa enumeración de hechos particulares. Quiso determinar sus leyes, echar las bases de una morfologia de las culturas. Sus varoniles páginas, redactadas en el tiempo que va de 1912 a 1917, no se contaminaron nunca del odio peculiar de esos años. (...) Su concepto biológico de la historia se podria discutir; no su espléndido estilo».

artigos do *Diário Nacional* — ou se estava, não seria capaz de distinguir, com suficiente precisão os matizes desta divergência política.

Neste primeiro artigo, Mário realiza também um tipo de autocrítica lingüística quando examina os excessos dos modernistas brasileiros que se manifestam contra o português metropolitano e pretendem fundar uma língua "nacional". Aludindo certamente às páginas "de graça enorme das *Memórias Sentimentais*" (*de João Miramar*), Mário não deixa de reconhecer seus próprios erros[5]. Sem piedade consigo mesmo admite:

E se o mais exagerado e mais dado em artigos sucessivos de inquieto fui eu, tomei logo o cuidado de avisar que não tínhamos que reagir contra Portugal, que a coincidência com a língua portuga não prejudicava a realidade já individualizada da nossa e sobretudo que o problema de abrasileirar o Brasil culto não se resumia a colecionar, amalgamar e estilizar regionalismos gaúchos caipiras praieiros nordestinos ou tapuios.

A doutrina que Mário expõe aqui é a mesma que se encontra nos prefácios (não incluídos no livro) de *Macunaíma* e que este romance tão brilhantemente exemplifica[6]. Se nele Mário parece ter caído ocasionalmente nos excessos do regionalismo lingüístico que sua boa doutrina

---

5. Como Campos observou muito bem, na carta citada na nota 1, Cap. 2 deste livro, nem neste artigo e nem num anterior sobre *João Miramar* (in *Revista do Brasil*, São Paulo, nº 105, set.-dez., 1924, pp. 26-33), Mário atribui a Oswald, ou ao seu discípulo Alcântara Machado, «a culpa mais específica pela campanha em favor duma 'fala brasileira'». Quem realmente teve essa preocupação foi Mário, insiste Campos, «daí a nota indisfarçável de autocrítica que o artigo [do *Diário Nacional*] expressamente apresenta». Para o mesmo tema, se recomendam as observações antecipadas do mesmo crítico no prólogo aos *Trechos Escolhidos*, de OSWALD DE ANDRADE (Rio de Janeiro, Agir, Nossos Clássicos, 1967, pp. 10-12 e 115-116). Estas últimas contêm a transcrição de fragmentos relevantes do artigo de Mário sobre *Miramar*.

6. Sobre este ponto convém transcrever as observações de Haroldo de Campos na carta citada na nota 1, Cap. 2: «em lugar de regionalizar veristamente o vocabulário, Mário 'desgeografica' o léxico, falando em 'pagos' e 'querências' (gauchismos) no âmbito amazônico do Uraricoera, conforme anota num dos prefácios inéditos: 'Possui aceitação sem timidez nem vanglória da entidade

censura, é porque como romancista está usando o privilégio da paródia para abundar naquilo mesmo que ataca. Cavalcanti Proença, em seu estudo pioneiro sobre aquela obra, já havia destacado a continuidade do pensamento de Mário sobre este ponto. Também havia citado, como apoio deste enfoque, outros textos básicos de Mário[7]. A coincidência com Borges, é outra vez notável. Numa conferência que este escreveu em 1927, e publicou num livro de 1928, ressalta exatamente esse ponto. "El idioma de los argentinos", deu o título ao volume de ensaios e foi posteriormente reproduzida num folheto dos anos cinqüenta, com um texto complementar de José Edmundo Clemente[8]. Embora a conferência seja muito conhecida em espanhol, penso que sua difusão no Brasil tenha sido limitada. Assim, creio que está justificada a extensão deste fragmento.

¿Qué zanja insuperable hay entre el español de los españoles y el de nuestra conversación argentina? (...) ninguna ven-
nacional e a concebe tão permanente e unida que o país aparece desgeograficado no clima na flora na fauna no homem, na lenda, na tradição histórica até quanto isso possa divertir ou concluir um dado sem repugnar pelo absurdo». Falar em 'pagos' e 'querências' em relação às terras do Uraricoera é bom» (cf. *Brasil: 1º Tempo Modernista/1917-29*, documentação publicada pelo IEB, da Universidade de São Paulo, 1972, p. 291).

Na mesma carta, Campos adianta o seguinte comentário: «De qualquer modo, parece-me que Mário é bem mais contraditório e ambíguo em suas posições sobre a questão da língua literária nacional do que Borges, cuja evolução é mais nítida em direção a um universalismo lingüístico». Também acrescenta: «Mário nunca desenvolveu como Borges, um estilo 'neutro', hialino, mas sempre manteve em sua linguagem (seja na ficção, seja na crítica ou meramente na crônica jornalística) os vestígios ('cacoetes' para alguns) da sua busca modernista por uma 'língua' *brasileira* (ainda quando reconhecendo em teoria a 'artificialidade' desta)».

7. Este por exemplo: «Não vou já discutir o problema da *língua brasileira* que, a meu ver não existe, embora seja da maior verdade falarmos, de preferência, em língua nacional». De *O Empalhador de Passarinhos* (São Paulo, Livraria Martins Ed. S.A., p. 61). *Apud* CAVALCANTI PROENÇA, ob. cit., p. 84.

8. Cf. *El Idioma de los Argentinos* (Buenos Aires, Gleizer, 1928, pp. 163-183); a reedição, com o ensaio de José Edmundo Clemente, «El idioma de Buenos Aires», foi publicada em Buenos Aires, Peña, Del Giúdice, 1953, pp. 11-33.

turosamente para la entendibilidad general de nuestro decir. Un matiz de diferenciación sí lo hay: matiz que es lo bastante discreto para no entorpecer la circulación total del idioma y lo bastante nítido para que en él oigamos la patria. No pienso aquí en los algunos miles de palabras privativas que intercalamos y los peninsulares no entienden. Pienso en el ambiente distinto de nuestra voz, en la valoración irónica e cariñosa que damos a determinadas palabras, en su temperatura no igual. No hemos variado el sentido intrínseco de las palabras, pero sí su connotación. Esa divergencia, nula en la prosa argumentativa o en la didáctica, es grande en lo que mira a las emociones. Nuestra discución será hispana, pero nuestro verso, nuestro humorismo, ya son de aquí. Lo emotivo — desolador o alegrador — es asunto de ellas y lo rige la atmósfera de las palabras, no su significado. La palabra *súbdito* (...) es decente en España: denigrativa en América. La palabra *envidiado* es formulación de elogio en España (*su envidiado tesoro de voces pintorescas, felices y expresivas*, dice la Gramática oficial de los españoles) y aquí, jactarse de la envidia de los demás, nos parece ruin. Nuestras mayores palabras de poesía *arrabal* y *pampa* no son sentidas por ningún español. Nuestro *lindo* es palabra que se juega entera para elogiar; el de los españoles no es aprobativo con tantas ganas. *Gozar* y *sobrar* miran con intención malévola aquí. La palabra *egregio*, tan publicada aquí por la *Revista de Occidente* y aun por don Américo Castro, no sabe impresionarnos. Y así, prolijamente, de muchas.

Desde luego la sola diferenciación es norma engañosa. Lo también español no es menos argentino que lo gauchesco y a veces más: tan nuestra es la palabra *llovizna* como la palabra *garúa*, más nuestra es la de todos conocida palabra *pozo* que la dicción campera *jagüel*. La preferencia sistemática y ciega de las locuciones nativas no dejaría de ser un pedantismo de nueva clase: una diferente equivocación y un otro mal gusto. Así con la palabra *macana*. Don Miguel de Unamuno — único sentidor español de la metafísica y por eso y por otras inteligencias, gran escritor — ha querido favorecer esa palabreja. *Macana*, sin embargo, es palabra de negligentes para pensar. El jurista Segovia, en su atropellado *Diccionario de argentinismos*, escribe de ella: *Macana — Disparate, despropósito, tontería*. Eso, que ya es demasiado, no es todo. Macana se les dice a las paradojas, macana a las locuras, macana a los contratiempos, macana a las perogrulladas, macana a las hipérboles, macana a las incongruencias,

37

macana a las simplonerías y boberías, macana a lo no usual. Es palabra de haragana generalización y por eso su éxito. Es palabra limítrofe, que sirve para desentenderse de lo que no se entiende y de lo que no se quiere entender. Muertas seas, macana, palabra de nuestra sueñera y nuestro caos! (178-181)

O texto me parece revelador da colocação que Borges faz do problema do regionalismo lingüístico. Nesta citação, percebe-se, além do mais, algo que poucos dos que hoje escrevem sobre Borges tiveram o trabalho de aprender: até que ponto a experiência de vida do jovem poeta na Espanha (1920-1924 com um intervalo) foi decisiva para o seu conhecimento profundo da língua e da literatura espanholas.

Retomando a Mário, depois desta digressão borgiana por obras que ele provavelmente não conheceu[9], convém observar que no mesmo artigo o crítico paulista insiste no que lhe parece mais elogiável nos argentinos: "não campearam um jeito de falar argentino, em vez se contentaram de falar para a Argentina". Ainda antes de deixar este tema, Mário lança uma flecha contra os regionalistas locais: "não basta a gente condimentar a escritura com a especiaria d'um modismo vocabular para que o prato seja tutu. Continua cozido e não tutu", conclui com sua graça habitual. Suas penúltimas palavras são também importantes: dirigem-se aos "geniozinhos exclusivistas, sensitivas por ignorância e miopia carece que saibam que o Brasil não foi feito por ninguém, Brasil é uma fatalidade

---

9. O único livro de Borges que se conserva no Instituto de Estudos Brasileiros é *Inquisiciones*. Como era seu costume, Mário anotou a lápis na primeira página sua apreciação: «Livro muito bonito duma elegância excepcional de pensamento, verdadeira aristocracia, que se caracteriza pela sobriedade, pela calma da exposição e pelo raro das idéias. Além disso apresentando uma erudição adequada». *Apud* GREMBECKI/PORTO, art. cit., p. 1, col. 4. Este comentário privado antecipa e confirma o que Mário dirá desta obra no terceiro artigo da série sobre «Literatura Moderna Argentina», do *Diário Nacional*. Cf. Cap. 6 deste livro.

que a gente pode melhorar ou piorar, esfacelar ou conservar, com psicologia já própria e fatal, através e apesar de todas as pesquisas conscientes".

Muitos anos mais tarde, acossado por uma renovação da estupidez nacionalista na Argentina, Borges terá que pronunciar uma conferência sobre "El escritor argentino y la tradición" onde se pode encontrar um eco involuntário destas palavras de Mário. A conferência foi pronunciada primeiramente em 19 de dezembro de 1951. A sua análise provocativa das falácias do nacionalismo literário (análise que reitera coisas já ditas, muito antes por Borges), não apenas estava dirigida contra o parricida H. A. Murena e seus numerosos embora dispersos colegas; contém ainda uma crítica tardia da própria poética de Borges anterior a 1925[10]. Parece-me oportuno citar alguns parágrafos desta conferência:

La idea de que la poesía argentina debe abundar en rasgos diferenciales argentinos y en color local argentino me parece una equivocación. (...) la idea de que una literatura deba definirse por los rasgos diferenciales del país que la produce es una idea relativamente nueva; también es nueva y arbitraria la idea de que los escritores deben buscar temas de sus países. Sin ir más lejos, creo que Racine ni siquiera hubiera entendido a una persona que le hubiese negado su derecho al título de poeta francés por haber buscado temas griegos y latinos. Creo que Shakespeare se habría asombrado si hubieran pretendido limitarlo a temas ingleses, y si le hubiesen dicho que, como inglês, no tenía derecho a a escribir *Hamlet,* de tema escandinavo, o *Macbeth,* de tema escocés. El culto argentino del color local es un reciente culto europeo que los nacionalistas deberían rechazar por foráneo (154-156).

10. Cf. «El Escritor Argentino y la Tradición», in *Discusión* (*Obras Completas,* Buenos Aires, Emecé, 1957, v. VI, pp. 151-162). Para um estudo do contexto em que se situa esta conferência de Borges, veja meu livro, *El Juicio de los Parricidas. La Nueva Generación Argentina y sus Maestros* (Buenos Aires, Deucalión, 1956 pp. 105-106, **especialmente**).

Para ilustrar melhor seu ponto de vista, Borges terá que referir-se a um exemplo tirado de sua própria obra narrativa:

> Séame permitida aquí una confidencia, una mínima confidencia. Durante muchos años, en libros ahora felizmente olvidados, traté de redactar el sabor, la esencia de los barrios extremos de Buenos Aires; naturalmente abundé en palabras locales, no prescindí de palabras como cuchilleros, milonga, tapia, y otras, y escribí así aquellos olvidados y olvidables libros; luego, hará un año[11], escribí una historia que se llama "La muerte y la brújula" que es una suerte de pesadilla, una pesadilla en que figuran elementos de Buenos Aires deformados por el horror de la pesadilla; pienso allí en el Paseo Colón y lo llamo Rue de Toulon, pienso en las quintas de Adrogué y las llamo Triste-le-Roy; publicada esa historia, mis amigos me dijeron que al fin habían encontrado en lo que yo escribía el sabor de las afueras de Buenos Aires. Precisamente porque no me había propuesto encontrar ese sabor, porque me había abandonado al sueño, pude lograr, al cabo de tantos años, lo que antes busqué en vano (157).

Depois desta confidência, Borges continua analisando outros aspectos paradoxais do nacionalismo literário. Ressalta, por exemplo, outra contradição: "los nacionalistas simulan venerar las capacidades de la mente argentina pero quieren limitar el ejercicio poético de esa mente a algunos pobres temas locales, como si los argentinos sólo pudiéramos hablar de orillas y estancias y no del universo" (158). Aponta também o seu assombro ante algo que leu "há pouco" sobre os escritores argentinos e a tradição; segundo esse texto não identificado mas identificável, "los argentinos estamos desvinculados del pasado (...) ha habido como una solución de continuidad entre

---

11. A conferência que estou citando foi pronunciada em 1951. Ao se referir aqui a *La Muerte y la Brújula*, como tendo sido escrito «hará un año», Borges parece datar o conto de 1950. Na verdade, foi publicado pela primeira vez, uns oito anos antes, na revista *Sur*, nº 92 (Buenos Aires, maio 1942, pp. 27-39). A discrepância pode ser explicada por um lapso de memória de Borges ou por uma errata.

nosotros y Europa (...) los argentinos estamos como en los primeiros días de la creación; el hecho de buscar temas y procedimientos europeos es una ilusión, un error; debemos comprender que estamos esencialmente solos, y no podemos llegar a ser europeos". O pensamento que Borges resume aqui, é o que Murena apresenta em trabalhos que foram publicados, apenas em 1954, num volume apocalipticamente titulado, *El pecado original de América*. No entanto, o primeiro desses artigos já tinha sido publicado na revista universitária, *Verbum* (n.º 90, pp. 20-41), em agosto de 1948. Murena, como é sabido, estava trabalhando a partir de idéias expostas por Hermann Keyserling e desenvolvidas na Argentina por Ezequiel Martínez Estrada. Para Borges, esta opinião — cuja genealogia não revela — parece-lhe "infundada". Opina, ao contrário: "en nuestro país, precisamente por ser un país nuevo, hay un gran sentido del tiempo" (159). Imediatamente pergunta-se:

Cuál es la tradición argentina? (...) Creo que nuestra tradición es toda la cultura occidental, y creo que también tenemos derecho a esta tradición, mayor que el que pueden tener los habitantes de una u otra nación occidental. (...) Creo que los argentinos, los sudamericanos en general (...) podemos manejar todos los temas europeos, manejarlos sin superstición, con una irreverencia que puede tener, y ya tiene, consecuencias afortunadas. (...) Por eso repito que (...) debemos pensar que nuestro patrimonio es el universo; ensayar todos los temas, y no (...) concretarnos a lo argentino para ser argentinos: porque o ser argentino es una fatalidad y en ese caso lo seremos de cualquier modo, o ser argentino es una mera afectación, una máscara (160-162).

É uma pena Mário não ter podido conhecer este texto. Já fazia seis anos que tinha morrido quando Borges pronunciou esta conferência. São as idéias de um humanismo europeu, que o nacionalismo do século XX parecia ter erradicado mas que na América tinha encontrado (desde Andrés Bello, no começo do século XIX, pelo menos) um *habitat* favorável[12].

---

12. Embora seja bastante popular a idéia de que a América hispânica não tenha tido um humanismo enciclopedista, a realidade cultural do século XVIII e, principalmente, do começo do século XIX seria suficiente para eliminar esse erro. Veja a respeito, meu livro, *El Otro Andrés Bello* (Caracas, Monte Avila, 1969).

6. O DESCOBRIMENTO DE BORGES

Ao terminar sua primeira crônica sobre a literatura "modernista" argentina, Mário desculpa-se por não ser um especialista na matéria. No entanto justifica seu trabalho porque esta literatura parece-lhe "sob muitos aspectos notável e digna de ser mais conhecida aqui". É evidente que ao escrever essa série, Mário não apenas quer contribuir para a difusão dessa literatura no Brasil como também aproveitar a ocasião para estabelecer um diálogo entre ela e a literatura do Modernismo brasileiro. Nesse sentido, o primeiro artigo dos quatro é muito importante e serve para fundar (já em 1928) o estudo paralelo de ambas literaturas.

Não é possível examinar com o mesmo detalhe os três artigos que completam a série. Será suficiente, no momento, ressaltar alguns dos seus aspectos mais destacados. O segundo (29 de abril) trata de esboçar um panorama rápido das revistas literárias argentinas e delineia o contexto em que estão inseridas. Embora a crônica seja breve, Mário distingue com acerto os diferentes grupos que dominam o cenário literário e concede maior atenção não só aos "ultraístas" de *Martín Fierro* como também, ao agora esquecido grupo socialista que se reunia sob a bandeira de *Claridad* — revista que pelo próprio nome reivindicava a liderança francesa de Henri Barbusse e seus discípulos. Hoje talvez pareça excessiva a generosidade com que Mário examina a obra deste grupo. Transcreve alguns textos que não chegam a superar a mediocridade através da tradução. No entanto, a simpatia de Mário pelas idéias do grupo deve ter trabalhado como um anestésico do seu habitual espírito crítico.

O melhor desse artigo é a comparação entre as duas vanguardas:

> Ao passo que a nossa poesia modernista ia tomar uma feição eminentemente rapsódica, a argentina assumia desde logo um caráter intrinsecamente literário. Tipográfico mesmo. Até dentro do Ultraísmo e da metáfora organizada em preceito os argentinos fogem da poesia oratória. Com exceção de Ricardo Güiraldes (poemas em prosa de *Xaimaca*) e de Jorge Luis Borges, que muitas vezes a gente percebe gozando com o valor musical das palavras e oral da frase.

O duplo reconhecimento da singularidade de Güiraldes e de Borges, é muito significativo e já antecipa a tese do artigo seguinte. Exatamente duas semanas depois (13 de maio), publica-se o terceiro. É dedicado ao grupo *Martín Fierro* e, em particular a seus poetas. Para Mário não há dúvida de que esse grupo seja o "mais vivo, mais fecundo e mais típico da literatura moderna argentina"; também afirma que a revista do grupo reúne "o que tem de melhor a literatura moderna argentina e representa com largueza e caráter o espírito dessa literatura". Faz apenas uma ressalva: a de que nos últimos números, o grupo se esforçou em demasia por "congregar nas páginas dela também muitos nomes estrangeiros. Especialmente europeus. Especialmente franceses". Apesar dessa ressalva (e da cômica gradação geográfica), Mário volta a elogiar a revista: "O espírito de *Martín Fierro* é eminentemente nacional, culto e alegre. Um jeito gozador, caçoísta e esportivamente serelepe que entre nós só mesmo os paulistas conseguem ter". Ressalta também o *criollismo* "essencial" (palavra que Borges também tinha usado para definir o anelo dos poetas "ultraístas"), e lhe parece "menos tendencioso que inconsciente, mais ativo que simplesmente rotular. Uma espécie já de fatalidade nacional eminentemente lógica e feliz que se encontra sobretudo em Güiraldes, em Oliverio Girondo (apesar de Girondo...) e especialmente na obra surpreendente de Jorge Luis Borges que dentro de toda a cultura hispânica dele, vê e sente crioulamente".

A afirmação de Mário era surpreendente também para a sua época, e inclusive para a nossa. Quantos hoje reconheceram as raízes hispânicas (Cervantes, Quevedo, Gracián, Unamuno, sobretudo) da obra de Borges? O próprio Borges apontou há tempo, e com sua habitual ironia, na conferência citada sobre "El escritor argentino y la tradición":

... el placer de la literatura española, un placer que yo personalmente comparto, suele ser un gusto adquirido [en la Argentina]; yo muchas veces he prestado, a personas sin versación literaria especial, obras francesas e inglesas, y estos libros han sido gustados inmediatamente, sin esfuerzo. En cambio, cuando he propuesto a mis amigos la lectura de libros españoles, he comprobado que esos libros les eran difícilmente gustables sin un aprendizaje especial... (158-159)

É evidente que Mário não pode ter conhecido esse texto de 1951, mas conhecia o suficiente de literatura espanhola para reconhecer no Borges dos anos vinte a tradição hispânica. Também neste sentido, sua leitura de Borges é excepcional. Eram muito poucos os que, na Argentina daquela época, possuíam a preparação crítica necessária para situar adequadamente esta obra. Com seu discernimento, Mário antecipa algumas décadas a melhor crítica de hoje. Sua caracterização de Borges (baseada nos poemas que leu em revistas e antologias, e nos ensaios de *Inquisiciones*) é notável:

> Este poeta e ensaísta me parece a personalidade mais saliente da geração moderna da Argentina. Depois de Ricardo Güiraldes — o que teve a felicidade de morrer depois da obra-prima [*Don Segundo Sombra*, 1926] — a figura de Jorge Luis Borges é a que mais me atrai e me parece mais rica de lá. Será talvez ele quem vai substituir Ricardo Güiraldes e consolar com uma presença de intimidade a memória do morto.
>
> Jorge Luis Borges [tinha] vivido muitos anos de estranja, quando chegou na pátria já igualado, se espantou com ela e se aplicou a cantar a realidade dela (...) *Inquisiciones* (...) é um livro excepcionalmente bonito, duma elegância muito rara de pensamento, verdadeira aristocracia que educou-se na sobriedade, na imobilidade da exposição e no raro das idéias. Além disso apresentando uma erudição adequada. Às vezes ri. Muito pouco. Realiza perfeitamente aquela síntese criola que Güiraldes deixou numa página boa de *Raucho*: "Era prudente y callado: solía reír sin ruido y sabedor de las inseguridades en la vida, no avanzaba un juicio sin anteponer la duda". Jorge Luis Borges me parece mais ou menos assim.

O que Mário reconhece aqui é algo que na época muito pouca gente era capaz de ver com tanta clareza: a natureza profunda e nada ostentosa do *criollismo* de Borges, sua radicação essencial num solo cultural que era seu por direito de nascimento e ocupação, e que jamais poderia ser obliterado pelas capas de cultura estrangeira que também recobriam e adubavam esse solo. Prosseguindo sua análise de Borges e do livro de ensaios que conhece, Mário observa: "em *Inquisiciones* ele apresenta menos que pensamentos, resultados de pensamentos [,] porém suponho uma espécie de dialética hegeliana no jeito dele pensamentear". A definição e a linguagem que estabelece, são tão sutis que correm o risco de serem lidas como censura. O que Mário faz aí é expressar certeiramente a natureza paradoxal, fragmentária, porém profundamente coerente, do pensamento borgiano: um pensamento que se formou através de longas e reiteradas leituras de mestres do aforismo e do fragmento filosófico, como Schopenhauer e Nietzsche.

Mário aponta também em Borges, "um certo ceticismo decadente que talvez lhe venha da cultura, excessiva pra idade tão moça que mostra só 28 anos": observação que alude mais uma vez à genealogia filosófica indicada acima. E chega a antecipar, numa fórmula feliz, um juízo sobre Borges que o escritor argentino reiteraria (sem saber) anos mais tarde ao falar de si mesmo: "viveu menos do que pensou e agiu literariamente". Num ensaio de 1944, Borges dirá tersamente que sua vida esteve "consagrada a las letras y (alguna vez) a la perplejidad metafísica"[1]. No entanto, não é em tudo que ambos estão de acordo. Mário distancia-se de Borges quando este afirma "a tristeza essencial do argentino". O crítico paulista distingue: "Tanto nele como na figura de Don Segundo não me parece que seja bem tristeza. É antes um silêncio essencial". E acrescenta: "Os versos dele que conheço são naturezas mortas naquele sentido tão lindo de 'vida silenciosa' que lhe dão os alemães". (Como se sabe, a expressão existe também em inglês.) Para ilustrar melhor sua asserção, Mário cita "dois versos bonitos e amplos" do

---

1. Cf. «Nueva Refutación del Tiempo», in *Otras* Inquisiciones (Buenos Aires, Sur, 1952, p. 203); na reedição mais acessível de *Obras Completas*, (Buenos Aires, Emecé, 1960, v. VII), a citação está na p. 237.

poema, "Mi vida entera" (de *Luna de enfrente,* 1925), embora ele os cite invertendo a ordem: Borges diz:

He persistido en la aproximación a la dicha y en la privanza del dolor.
Soy esa torpe intensidad que es un alma[2].

No restante do terceiro artigo da série, examina Mário outros poetas e pensadores do grupo *Martín Fierro* (Sergio Piñero hijo, Leopoldo Marechal, Norah Lange, Nydia Lamarque, Nicolás Olivari, Oliverio Girondo[3])

2. Compare com a ordenação dos versos na primeira coletânea, *Poemas (1922-1943)* (Buenos Aires, Losada 1943), p. 110.

3. A admiração que Mário manifesta em relação a Borges no terceiro artigo da série contrasta com o que diz de Oliverio Girondo no mesmo artigo. Ao se referir ao «crioulismo» essencial dos argentinos, destaca Güiraldes e Borges, como já se viu, mas também acrescenta ao lado do nome de Girondo e entre parênteses: «(Apesar de Girondo...)». Aqui, Mário parece insinuar uma reserva com relação ao cosmopolitismo futurista que então ostentava o poeta argentino. Mais adiante, no mesmo artigo, define-nos sua poesia com palavras que combinam o elogio com a reticência: «Um que en geral detesta o nú é Oliverio Girondo *(Veinte Poemas, Calcomanías).* Se veste de imagens. Faz casal de jaboticabeiras com Olivari, porém se contenta com a flor. Pra mim o principal defeito do excesso de imagens é elas abrirem concorrência entre si. Nos poemas de Oliverio Girondo abriram. A gente às vezes esquece dos versos e torce por um simples concurso de beleza. A obra de Oliverio Girondo toma por tudo isso a aparência de festança dos bailes à fantasia. Mas no poeta que descreveu aquela Semana Santa sevilhana não me parece que tenha leviandade apenas. As imagens são que nem as máscaras: muitas feitas dão pra realidade, uma realidade mais imediata e sincera. E Oliverio Girondo não demonstra aquela psicologia de desvairo metafórico que os futuristas e expressionistas apresentam. Rima bem; e de rodada entre as metáforas curiosas se conserva dentro dum realismo natural».

Em uma resenha hoje esquecida, de *Calcomanías*, que Borges publicou no seu segundo livro de ensaios, *El Tamaño de mi Esperanza*, chega a conclusões similares, ainda que com uma imaginária diferente: «Es innegable que la eficacia de Girondo me asusta. Desde los arrabales de mi verso he llegado a su obra, desde ese largo verso mío donde hay puestas de sol y veredítas y una vaga niña que es clara junto a una balaustrada celeste. Lo he mirado tan hábil, tan apto para desgajarse de un tranvía en plena largada y para renacer sano y salvo entre una amenaza de Klaxon y un apartarse de transeúntes, que me he sentido provinciano junto a él. Antes de empezar estas líneas, he debido asomarme al patio y cerciorarme, en busca de ánimo, de que su cielo rectangular y la luna siempre estaban conmigo» (p. 92). Em seguida, Borges analisa a atitude poética de Girondo definindo-a como a de um violento que «mira largamente las cosas y de golpe les tira un manotón» (id.); ressalta também «la inevitabilidad de su afanosa puntería» (id.) e o ato de impor mas a nenhum deles dedica a atenção e o elogio concedidos a Borges. Neste sentido, sua perspectiva da literatura argentina dos anos vinte foi profética.

O quarto e último artigo (20 de maio) está inteiramente dedicado a Ricardo Güiraldes, que Mário considera apesar de sua morte precoce em 1927, como o escritor argentino moderno mais importante, e do qual traduz para o português algumas páginas para os leitores do *Diário Nacional*[4].

---

a «las pasiones del ánimo» uma «manifestación visual e inmediata» (p. 93). Borges relaciona corretamente este método com a caricatura e o desenho animado. Define mais uma vez o olhar de Girondo como um «desenvainado mirar» (id.) e estabelece sua filiação a seu mestre Ramón Gómez de la Serna (o das célebres *Greguerías*) e também com o injustamente esquecido Eduardo Wilde, prosador argentino que Borges admira (p. 95). A resenha é, no geral, cordial embora revele certa ambigüidade, e até impaciência crítica, muito semelhante às que Mário também manifesta. Parece que tanto um como outro se sentiam um pouco incomodados, com a «previsibilidade» vanguardista de Oliverio Girondo.

4. Este último artigo foi cuidadosamente sintetizado e analisado por Grembecki/Porto, no trabalho citado no prólogo deste livro. Em sua apreciação sobre Güiraldes, Mário chega a afirmar que ninguém pode representar melhor que ele, «este momento sul-americano». *Don Segundo Sombra* lhe parece (apesar de alguns reparos) «um dos livros notáveis da época e o mais significativo da literatura argentina contemporânea».

7. O VÍNCULO PARÓDICO

Com a perspectiva de hoje é fácil ver onde Mário cometeu equívocos ao julgar Borges e onde acertou. Já apontei os acertos. O maior erro de perspectiva é o que se refere ao humor de Borges: "Às vezes ri. Muito pouco", diz Mário lapidarmente e em seguida indica que o seu silêncio é essencial. A verdade é que Borges, já nessa época, ria bastante, embora seu riso não fosse uma gargalhada estomacal de Rabelais, por exemplo, e sim o mais irônico das melhores passagens do *Quijote* (sobretudo da segunda parte, 1615). Esse riso, que transparece nos jogos de palavras e conceitos que implica um título como *Inquisiciones,* é profundamente *criollo*. É, como bem aponta Mário, o riso de Don Segundo Sombra, personagem que chegou na ilustre idade em que pode desarmar um adversário com ironia. Esse humor está definido perfeitamente pelo próprio Borges no artigo, "Queja de todo criollo", do volume citado. Diz assim:

> El criollo, a mi entender, es burlón, suspicaz, desengañado de antemano de todo y tan mal sufridor de la grandiosidad verbal que en pouquísimos la perdona y en ninguno la ensalza. El silencio arrimado al fatalismo tiene eficaz encarnación en los dos caudillos mayores que abrazaron el alma de Buenos Aires: en Rosas e Yrigoyen. Don Juan Manuel, pese a sus fechorías e inútil sangre derramada, fue queridísimo del pueblo. Yrigoyen, pese a las mojigangas oficiales, nos está siempre gobernando. La significación que el pueblo apreció en Rosas, entendió en Roca y

admira en Yrigoyen, es el escarnio de la tetralidad, o el ejercerla con sentido burlesco. En pueblos de mayor avidez en el vivir, los caudillos famosos se muestran botarates y gesteros, mientras aquí son taciturnos y casi desganados. Les restaría fama provechosa el impudor verbal (132)[1].

É exatamente esse humor que se esquiva ou se disfarça sob a máscara da ironia, esse humor essencialmente burlesco que Borges detecta e aplaude em Rosas e Yrigoyen, e que também corre quase subterraneamente na sua prosa e verso do período, e que Mário não conseguiu descobrir completamente. (Ainda que reconheça: "Às vezes ri".) É pena porque esse humor sutilmente paródico, e portanto carnavalesco, está muito próximo do que o próprio Mário possuía e que explode causando tanto prazer em *Paulicéia Desvairada* e, sobretudo no erotismo de *Macunaíma* (1928)[2]. O Borges dos anos vinte apenas oferece a ironia como antecipação de sua futura car-

1. Mário publicou, junto com o artigo em que falava de Borges, uma tradução para o português deste importante ensaio.

No trabalho de Raul Antelo, citado no prólogo deste livro, há o esboço de um paralelo entre Mário e Borges, malogrado pelo total desconhecimento por parte do autor, da obra crítica e da ação política de Borges nos anos vinte. Antelo chega a afirmar que Borges «não pode esconder um juízo de desprezo» ao escrever sobre Yrigoyen e cita, para confirmar sua afirmação o texto acima transcrito (p. 85). Não há dúvida de que não apenas não entendeu o texto como também ignora que nessa época Borges era partidário de Yrigoyen. (Ver o Cap. 4 deste trabalho.) Para corrigir seu erro, Antelo deve consultar ULISES PETIT DE MURAT, *Jorge Luis Borges y la Revolución Literaria del Martín Fierro, Correo Literario* (Buenos Aires, 10 de fevereiro de 1944) e também LUIS C. ALÉM LASCANO, *La Argentina Ilusionada*. 1922-1930, na série dirigida pelo historiador neoperonista, Félix Luna, *Memorial de la patria* (Buenos Aires, Ediciones de La Bastilla, 1975).

2. Em CAVALCANTI PROENÇA, ob. cit., pp. 22-25, é possível seguir de perto o processo de autocensura das passagens mais eróticas, de alto conteúdo paródico, a que Mário submeteu seu texto, entre a primeira e terceira edição influenciado, talvez, pelo seu catolicismo. A obra citada inclui também um registro detalhado das variantes entre as duas edições (pp. 53-77). Na carta citada na nota 1 do Cap. 2, Campos concorda que a decisão de Mário de censurar o livro é lamentável, mas acrescenta que não lhe parece que «afetou fundamentalmente a obra». Acha também que as amputações não privaram o livro de «seu aspecto de carnavalização paródica», o que é perfeitamente correto.

navalização da escritura, que apenas começará a manifestar-se em sua obra com os contos de *Historia universal de la infamia* (1935), os ensaios de *Historia de la eternidad* (1936) e, sobretudo, as narrações fantástica de *El jardín de senderos que se bifurcan* (1941). Mas não serão estes livros e sim uma coleção de contos policiais que escreve com Adolfo Bioy Casares e publica sob o pseudônimo, "H. Bustos Domecq", os que apontarão desde o título para sua condição paródica: *Seis problemas para Don Isidro Parodi* (1942)[3]. Naturalmente, Mário não poderia prever, em 1928, esta evolução de uma obra que lhe foi possível conhecer, e reconhecer, apenas no seu início.

Mas esta é uma outra história que contarei algum outro dia.

A que estou contando agora chega a seu epílogo.

A partir dos anos trinta, as carreiras e os respectivos caminhos de Mário e Borges começam a separar-se notavelmente. Enquanto que Mário se vincula cada vez mais com a cultura brasileira oficial e desenvolve um trabalho de difusão importantíssimo como diretor do Departamento Municipal de Cultura (São Paulo, 1935-1938) e em seguida, como diretor do Instituto de Artes da Universidade do Distrito Federal (Rio de Janeiro, a partir de 1938), Borges aceitará um cargo humilde numa biblioteca municipal de subúrbio (Buenos Aires, 1937-1946), onde sua presença acaba sendo quase invisível e se isolará, cada vez mais, na sua progressiva cegueira. Somente a partir da caída de Perón, em 1955, assumirá funções públicas de

---

3. Para um estudo sobre as relações de Borges com Bioy Casares e a produção de vários livros paródicos sob diferentes pseudônimos, ver meu livro, *Borgès par lui-même* (Paris, Du Seuil, 1970), pp. 179-181).

importância. Deste destino oficial diferente, emerge a dupla imagem contrastante que ambos deixaram: o erudito Mário aparecerá como um homem de ação, disposto a chegar ao contato imediato com seu povo (há uma foto muito expressiva que o mostra num parque infantil, rodeado de crianças, deixando visível o preceito evangélico: Deixai vir a mim os pequeninos)[4]; Borges, ao contrário, parecerá cada vez mais solitário, ainda em suas sucessivas e recentes apoteoses, capaz de falar comodamente só, com seus leitores.

No entanto, e apesar das diferenças de estilo vital, algo continua unindo-os simbolicamente. Enquanto que Mário resistirá às forças do Estado Novo programado por Getúlio Vargas sobre o modelo fascista e por ele será destituído da direção do Departamento Municipal de Cultura em 1938, Borges enfrentará um pouco mais tarde o populismo fascista de Perón e também perderá seu cargo, infinitamente mais modesto que o de Mário, na biblioteca Municipal, "Miguel Cané", em 1946. Nessa época (e não nas suas versões revisionistas que escrevem os interessados de hoje), tanto a esquerda brasileira quanto a argentina, opunham-se respectivamente a Vargas e a Perón. Ainda que não se propusessem, Mário e Borges converteram-se em símbolos da resistência do escritor comprometido contra as ditaduras locais. Por isso, quando Borges foi destituído, a Sociedade Argentina de Escritores (cuja imaginativa sigla é SADE) organizou um desagravo a Borges. No discurso laudatório do presidente da organização se exaltou a independência e valentia de Borges contra as forças da reação. O presidente era, então, o

---

[4]. Para os dados biográficos básicos de Mário e um estudo sobre seu compromisso político, ver o citado *Homenagem*, pp. 75-86 e 193-196. A foto a que me refiro no texto encontra-se diante da p. 80.

conhecido escritor comunista, Leonidas Barletta, um dos colaboradores do grupo *Claridad*[5].

Insisto nestes detalhes porque propaga-se hoje uma epidemia de esquecimento entre os que se dedicam a reconstruir nosso passado cultural. Até 1945 — ano da prematura morte de Mário — a resistência dos intelectuais brasileiros se chamava Mário; na Argentina, Borges. Aqui deve terminar o paralelo. O que Borges faz muito mais tarde (sua involução em direção ao conservadorismo, a um fascismo fantasmagórico no qual ninguém, nem sequer os fascistas, crêem), por lamentável que seja, pertence a outra etapa de sua carreira e da literatura latino-americana do século. A etapa que hoje tratei de reconstruir é a dos anos vinte, anos em que Stalin ainda não tinha mostrado suas garras, em que Hitler parecia apenas um paranóico, em que Mussolini fazia-se de chefe engraçado; anos em que reinava uma branda democracia no Brasil e na Argentina: anos em que Mário e Borges estiveram tão próximos, tão incrivelmente unidos (apesar das distâncias) na dupla e separada tarefa de fundar em suas respectivas culturas uma nova poesia e uma poética nova. Ou seja: a modernidade[6].

Yale University

---

5. O texto do discurso de Leonidas Barletta, assim como a resposta de Borges, foram publicados originariamente em Desagravio a Borges, *Argentina Libre* (Buenos Aires, 15 de agosto, 1946, p. 5). Para um exame geral do problema das relações de Borges, durante sua vida com a variável circunstância política nacional e internacional, ver meu artigo Borges y la Política, *Revista Iberoamericana*, nº 100 (Pittsburgh, Pa., Universidade de Pittsburgh, jul.-dez., 1977).

6. O adjetivo foi sugerido por Haroldo de Campos na carta citada na nota 1, Cap. 2. Como acho excelente, utilizo-o como se fosse meu mas não deixando de agradecer mais uma vez ao autor o cuidado com que leu a primeira versão deste livro.

APÊNDICE DOCUMENTAL

A LITERATURA BRASILEIRA MODERNA*

Nicolás Olivari

Quando cheguei a São Paulo desci de meu belo ônibus de dois andares, cor de rola cândida, estreitei meus braços na *nurse* de Rui Barbosa, que me ensinou sua língua e seus encantos durante a viagem, gastei o último resto da quinta edição de "Crítica" para fazer um cigarro com as sobras de fumo que minhas unhas cavaram no forro de meu colete descosido; pus um chapéu de palha enorme e "fui *chez*" Menotti del Picchia.

Encontrei-o na redação do Diário Oficial de São Paulo.

Com um profundo tique de repugnância e desespero inclinou-me sobre as enormes colunas do rinoceronte editorialista, indicando-me, com a ponta de seu cigarro eterno, em seus lábios finos de latino sagaz e sensual, as fantásticas cotações do café e da goma de mascar.

Sem que eu nada lhe perguntasse, sem quase olhar para mim, começou a gritar:

— São Paulo é o Brasil. Seu prodigioso desenvolvimento econômico lhe dá a supremacia capital sobre todos os demais Estados. Para que você tenha uma idéia exata

* *Segunda Época*, Ano II, n. 22 — 10 de setembro de 1925. *Martín Fierro*.

de seu progresso formidável, basta saber que uma das grandes companhias industriais paulistas paga, sozinha, mais impostos para a Nação que todo um Estado do tamanho e importância de Minas Gerais por exemplo.

E não discuta!... O ciclo natural de um povo em vias de organização passa por três etapas. A de sua fixação territorial, a de sua independência econômica e finalmente a de sua emancipação cultural e artística. Nós estamos nos últimos anos do período plutocrático e na aurora de nossa independência artística. São Paulo cria, pela atuação galharda de seus novos artistas, sua autonomia mental. Toda a atenção das classes cultas do país se dirige para os "Independentes de Piratininga". O terremoto literário sacudiu a velha crosta formada por uma cultura de mimetismo secular, estremecendo todas as consciências. São Paulo é a Meca da Arte Nova e ao lado dos elogios mais calorosos não nos faltou, por sorte, a chuva de fogo dos ataques severos e dos insultos.

Nosso pensamento não passava da adaptação e da cópia do pensamento europeu. Nosso patrimônio passado não era mais que um verdadeiro museu de Paleontologia, cheio de criações literárias importadas da França. Uma cultura de cosméticos encobria a imaginação, não indo além do último modelo de vestidos.

O iniciador da revolução foi Monteiro Lobato. Seu livro *Urupês* foi o grito do Ipiranga da literatura brasileira. Criou com seus processos verbais — híspidos, caústicos, chocantes — em violenta contradição com a melíflua doçura da velha prosa francesa, o nosso credo artístico que no fundo, inconscientemente, é o regionalismo.

Foi uma clava indígena fustigando a artificialidade pedante da arte de importação. Essa atitude deliciosamente selvagem, mas tão sincera, do criador do JECA TATU, plasmou a consciência literária fora de toda obediência forasteira.

Exatamente seis anos depois de sua independência política, o Brasil inaugurava sua independência mental.

A chamada de Lobato — o novo girondino — reuniu, sob sua bandeira vermelha, todos os audazes e todos os inquietos que esperavam o caudilho.

Sua escola ganhou discípulos e o regionalismo prosperou.

Era, pois, isso: o início da grande batalha que nós — os modernistas — faríamos em seguida.

A arte regional que prestou este inestimável serviço de nacionalizar nosso pensamento, mostrou a possibilidade de derivá-lo em direção à universidade da Arte, deslocando-o do estreito marco de um regionalismo ocasional, mas para ser sempre inteiramente brasileiro.

Foi então, em 1922, que apareceu, com espetacular ruído de raios e trovões, a "Semana de Arte Moderna", realizada no Teatro Municipal da capital paulista, cumprindo o programa dos "Independentes de Piratininga".

Fenômeno literário de alta significação, reuniu, na imensa sala de nosso coliseu máximo, sob a incisiva e energética capitania de Graça Aranha, a mais bela floração espiritual do Brasil contemporâneo.

Os aplausos mais frenéticos misturavam-se com as vaias mais ensurdecedoras; os poetas, romancistas e críticos da nova geração foram os heróis dessas noites inesquecíveis cujos nomes cito com respeito:

(Continua)

A LITERATURA BRASILEIRA MODERNA
(conclusão)*
Nicolás Olivari

Ronald de Carvalho, talentoso *condottiere* do modernismo; Oswald de Andrade, autor e crítico "ultra"; Renato de Almeida, diretor do Conservatório de declamação, heróico difusor das novas correntes; Mário Moraes de Andrade, Guilherme de Almeida, o poeta fantástico que imprime seus livros na plumagem de todos os loros do trópico; Plínio Salgado, o ilustre crítico da *Revista Novíssima*, o primeiro que atirou lanças para defender os modernistas; Agenor Barbosa, Sérgio Milliet, Ribeiro Couto, poeta da penumbra, Sérgio Buarque de Holanda, Tácito de Almeida, Manuel Bandeira, o músico Villa-Lobos e tantos outros.

A "Semana de Arte Moderna" caiu no meio da beatífica sesta da Arte Nacional como um bólido incandescente. Projetaram-se belas coisas. Ir uma noite com uma junta de bois e derrubar esse boneco de chocolate que os eunucos da Arte afirmam que reproduz Olavo Bilac e que está dirigindo o tráfico na pracinha onde termina a Avenida Paulista.

* *Segunda Época*, Ano II, n. 23 — Bs. As., 25 de setembro de 1925. *Martín Fierro*.

Os acadêmicos saíram de seu marasmo reumático e reuniram suas valetudinárias tropas combatendo as bárbaras metáforas dos hunos paulistas. Na imprensa do país, travaram-se as mais ferrenhas polêmicas e, milagre singular em um povo que parecia tão alheio a toda questão de Arte, foram acompanhadas com entusiasmo por todo o público. A atenção dos leitores dos diários foi dominada pelo ruidoso combate que atraía tanta expectativa quanto as peripécias de um *match* sensacional.

De um lado os revolucionários de São Paulo preconizavam uma Arte nova, original, clara, atualizada, livre de penumbras acadêmicas.

A luta foi dirigida contra os processos do naturalismo, ainda em voga em nossos romancistas, e contra o ideal parnasiano, ainda adoçado no verso anacrônico dos poetas da época.

Mário Moraes de Andrade com sua inesperada e desconcertante *Paulicéia Desvairada,* punha abaixo a coluna Vendomee dos bardos oficiais preocupados em cantar petrarcamente os pés, mãos e olhos de suas Lauras suburbanas.

Este livro agressivo, sintético, impressionista, levantou alarmes e aguçou alaridos. Foi o dardo assestado violentamente contra o calcanhar de Aquiles do parnasianismo acadêmico.

Oswald de Andrade em seu belo romance *Os Condenados* imaginava processos inéditos de composição, iniciando a simultaneidade impressionista, atingindo maravilhosos efeitos plásticos com sua prosa colorida e nervosa. Guilherme de Almeida, Ronald de Carvalho, Manoel

Bandeira, o bolchevique Afonso Schmidt no verso, com seus livros *Canções Gregas, Epígrafes Irônicas e Sentimentais, Carnaval* e *Juventude,* conduziam a campos mais vastos e mais belos os versos reumáticos, claudicantes sobre os borzeguins geométricos e estreitos dos sonetos e das silvas.

Das paisagens e das coisas cantadas nessas obras, ressaltava um sentido profundamente brasileiro, onde as emoções universais, comuns tanto à Rússia das estepes, à Argentina de céu tremendamente azul, como à China dos lodaçais onde floresce o arroz, entravam na moldura própria, sem parecer recém-chegadas do Havre com uma etiqueta azul, branca e vermelha: Paris-France.

Pouco a pouco, a solidez e o talento contidos em todas estas obras foram vencendo as hostilidades que a demonstração inicial da nossa estética tinha despertado em toda a América brasileira.

Em Pernambuco e no Rio de Janeiro, os apóstolos do novo credo começaram a evangelizar os gentios literários e muitos Paulus, tresnoitados no romantismo, encontraram seu caminho de Damasco nas históricas terras de Pedro I, respondendo ao grito de nos tornarmos uma terra literária autônoma.

A nacionalização de nosso pensamento iniciada com a rebelião isolada do audaz Monteiro Lobato, ganhou caminho e instintivamente se fez a partir da adesão da juventude; esse é seu maior triunfo e sua atual manifestação de força indomável: o apoio da juventude.

Já passaram três anos dessa famosa Semana, mas os alaridos e patadas e cascudos que ameaçavam derrubar o fastuoso edifício do Teatro Municipal hoje se transformaram em aplausos. A arte dos novos atrai toda a atenção do país, impondo-se como *leader* de nossa cultura atual.

Creio que em nenhuma outra Nação da América do Sul se encontre um acontecimento tão curioso que chame sobre si tanta atenção coletiva...

— Não, interrompe a melancolia indizível e invejosa do portenho que está dentro de mim; não! Em Buenos Aires o Teatro Municipal é algo que assusta. Quando passamos a seu lado, tiramos o chapéu e dizemos para a musa que nos acompanha: Olhe que velho bem conservado...

— E por que não o assaltam?

— Por temor da gendarmaria volante. Você amigo, nos faria falta lá para encabeçar a tomada da Bastilha.

Com voz de ladainha, molhada na penumbra de sua vida constrangida a não ser nunca o que se deseja, replicou:

— Sou advogado, agricultor, chefe político dessas páginas, redator oficial. Empunhei uma carabina na revolução com a graça deselegante do literato que pensa ter sempre um lápis nas mãos ainda que tenha um telescópio. Tenho uma fábrica de relógios e dirijo uma empresa cinematográfica. Moro em Perdizes, longe daqui, escrevo muito, e eu que levantei com minha atenção contínua e insistente meus companheiros de letras, através das colunas de todos os diários de meu país, sei que sou odiado e invejado. Puseram-me uma etiqueta que me cai como essas gravatas de mau gosto que usam os negros no dia da Crucificação. Chamam-me de cabotino, mas seguro que sou o artista mais escritor e o escritor mais artista de toda essa selva, com cultura francesa que é o Brasil. Renovei-me todos os dias e ainda mudei de credo estético com maior facilidade do que troco de meias. Odeio o estático, o morto. Meu grito é o do *condottiero* ou o dos heróicos bandeirantes que a pé, como *globbe-trotters* couraçados, conquistaram o interior de São Paulo. Sou modernista até a exasperação e me emociona mais o alarido de um carro a 200 quilômetros por hora que o balbucio trêmulo e inútil do "eu te amo".

Fica quieto por um instante para tomar café. No Brasil se toma tanto café quanto ar para ventilar os pulmões. Não é precisamente aquele café que Oliverio Girondo, com gesto de dono de postos petrolíferos em Tampico, pagou não sei quantos milhões de réis para que perfumasse para sempre seu poema sobre o Rio de Janeiro. Não. O nosso é um café plebeu, bebida de cocheiro, como diz Balzac, que engolimos convencidos de que é Moka ou pesar que me custa cem réis, ou seja, três centavos, por mais que não me chegue regularmente a ordem de pagamento de meu editor.

De repente esse homem seco e jovem, com os olhos cinzas e a vontade pontiaguda como um facão malévolo, começa a esbarrar em coisas fantásticas.

— Você, me diz, vai fazer uma conferência!

Não posso engolir todo o café futuro que tingirá minhas entranhas com a mais bela fumaça negra do mundo.

— Você irá ao Teatro Municipal (cria de nosso Teatro Colón) e fará uma conferência sobre poesia argentina. Prometo que estarão presentes o presidente do Estado, a banda municipal, o corpo consular, os poetas negros, os mortos pela pátria e os aposentados municipais, e pode ser que ocorram pauladas e patadas.

Faço um grande gesto de horror. Com os cabelos eriçados saio correndo pelas ruas, tendo adiante os *Miriñaques* desfalecidos das regras vendedoras de empadas. Ouço sua voz do semáforo do Diário Oficial protestando à distância. O toldo do céu está cheio de terra e a chuva nele, como na célebre parede daquele rei louco e *pánida**, me escreve solitariamente:

— Nunca serás conferencista, meu amigo. — *Mane, Thecel, Fares*.

O sotaque da voz me trouxe a recordação distante de Sanin Cano e das colunas de *La Nación*. Abriu o girassol da minha saudade de Boedo e caminhei as jornadas clássicas, com as sandálias cheias de terra até a porta do lar paterno, de onde (contra toda justiça) nunca fui expulso. Tinha cem réis, os livros e as metáforas de Menotti del Picchia.

Acredito que este tenha usado (não abusado) de meu nome e pronunciou a conferência em sânscrito, dizendo que eu era o autor. Do dinheiro recebido não soube nada e jamais exigirei as contas, angustiado diante da única presunção de que me abra uma conta corrente de pauladas e patadas que é a forma de transação comercial nas relações futuristas internacionais.

* *Pánida* — Relativo a Pan. Não há tradução para o português. (N. da T.)

POESIA ARGENTINA*
Mário de Andrade

Faz pouco saiu na Argentina um livro muito bom. É a antologia *Exposición de la Actual Poesía Argentina,* compilada por Pedro Juan Vignale e Cesar Tiempo. Parece bobagem no afirmar que uma antologia está cheia de personalidade, porém garanto que esse é o caso desta *Exposición*. Em geral as antologias são impessoais que nem a *Antologia de la Poesía Argentina Moderna* de Julio Noé, saída o ano passado. Algumas vezes são tendenciosas, o que de nenhum modo quer dizer personalidade. As antologias tendenciosas podem revelar a paixão dos compiladores e podem revelar as idéias dominantes duma igreja literária, duma feição estética universal ou nacional. Porém não possuem essa complexidade movida, essa expressão irregular bem trágica que é a psicologia dum criador. Quanto às antologias impessoais, que ajuntaram orientações díspares, que procuram ser imparciais, além do erro grave de serem sempre fatalizadamente incompletas, caem sempre no mesmo defeito de não revelarem a psicologia do compilador. Por isso ainda estão por aparecer as antologias cuja leitura apaixone, antologias que a gente possa chamar de vivas.

* *Diário Nacional,* São Paulo, 30 de outubro de 1927.

Pois esta *Exposición de la Actual Poesía Argentina* quase que realiza inteiramente o milagre. É um livro comovido e comovente, através do qual, mesmo lendo as poesias dos expositores, a gente presencia um pensamento vivo, uma alma amorosamente crítica possuindo o seu quê de irônica, uma vitalidade moça bem sadia — a personalidade psicológica dos compiladores.

Pedro Juan Vignale e Cesar Tiempo são moços bem e figuram nos melhores rincões da inteligência nova da Argentina. Não ponho em dúvida que tenham buscado sinceramente a imparcialidade na *Exposición*. E penso que foram imparciais na medida do possível. Porém possuem imaginação criadora muito possante pra se sujeitarem ao papel de anúncio do alheio. Ou pelo menos são talqualmente aquele camelô que acabou dando crédito a si mesmo e todas as manhãs ia comprar um pouco do produto que anunciara na véspera.

Essa confiança no alheio, a vivacidade crítica, a inquietação de si mesmo que leva ao emprego da ironia e do burlesco, fez com que ajuntassem, desprovidos do comentário deles, aqueles manifestos contraditórios do princípio, tão vãos e tão sinceros. Excetue-se o de Lugones, que sendo mais vão que os outros não tem sinceridade possível. Lugones conseguiu o recorde inconcebível de construir uma bobagem errada unicamente com dados verdadeiros. Me lembrei daquele papagaio "socarrón, perspicaz, sonoro" que o próprio Lugones descreve no *Livro de los Paisajes*...

Esse dom precioso de imparcialidade pessoalíssima com que Pedro Juan Vignale e Cesar Tiempo iluminaram a *Exposición* permite bem se perceber os caracteres essenciais da mocidade lírica argentina ao mesmo tempo que as orientações seguidas por ela. A gente percebe com mais ou menos facilidade a matéria-prima e as maneiras diversas como que vai sendo manipulada.

É onde talvez mais transparece a personalidade dos compiladores esta em terem afastado quase sistematicamente da *Exposición* os pseudopoetas da metáfora pela metáfora. Se percebe logo que Vignale e Tiempo são inimigos dessa vacuidade que grassa na Argentina como no Brasil. Também lá se encontra dessa gente mais ou menos talentosa' que ajuntando meia dúzia de metáforas bonitas imagina ter feito um poema... Mas uma espécie de pudor de si mesmo impediu que os compiladores apresentassem na *Exposição* deles essa tendência ruim e tão contemporânea. Na *Exposición* tem um dilúvio de metáforas mas todas elas aparecem em função dum movimento lírico interior mais sério e verdadeiro.

Quem quiser conhecer o movimento vivo da literatura argentina carece possuir esta *Exposición*. É um livro de interesse intenso pelas obras e autores que revela, e isso nos aproveita muito a nós que destas lonjuras não podemos seguir dia por dia as forças e as conquistas de lá. E sendo um livro pessoal, afirmativa que talvez eu desgoste os autores dele, possui esse valor que em geral as antologias não possuem: palpita na mão da gente, a gente quer bem ele ou o detesta. E me parece mesmo que é o dom mais precioso dum livro, esse de poder ser detestado...

LITERATURA MODERNISTA ARGENTINA*

Mário de Andrade

I

Entre as literaturas modernas da Argentina e do Brasil, vai uma diferença grande. Mesmo tão grande que me parece difícil a gente se compreender integralmente. A gente pode muito bem recriar pela inteligência as causas e os elementos que levaram o outro país a adquirir o ritmo que organiza a literatura modernista. E como esse ritmo é lógico e está sendo movimentado com segurança, a gente compreende e admira a força dos que o organizam. Porém, como esse ritmo não é o da gente e não interessa como ajuda nem completamento, ele não vem fazer parte de nós mesmos. E por isso não desperta compreensão integral mais constante e imediata que a intelectual.

Esta observação me parece importante e falarei porquê. Porém, antes, quero pontuar o i de uma cousa. Se falo que o ritmo organizador da literatura de um dos nossos países não "faz parte" da psicologia do outro, é porque certos ideais de americanismo e latino-americanismo não conseguem interessar-me. Tem cousas que sou obri-

* *Diário Nacional*, São Paulo, 22 de abril de 1928.

gado a conceder porque afinal das contas certa visão acomodada do mundo obriga mesmo a gente a largar mão de umas tantas noções que pelo menos por enquanto não é possível tornar práticas. Por isso admito o conceito político de pátria, embora ele me repugne. Mas, repudio todo e qualquer "patriotismo" que se manifeste política ou idealistamente. Do patriotismo só compreendo o gesto que se resume no trabalho imediato por aquela raça e parte da Terra que nos interessam diretamente porque vivemos nelas. Tudo mais parece de um romantismo pesadão e sobretudo desumano. Enquanto a noção de "fraternidade" não desaparecer da argumentação humana, não seremos senão egoísmos enormes se odiando.

Mas, todo e qualquer alastramento do conceito de pátria que não abranja a humanidade inteira, me parece odioso. Tenho horror a essa história de "América Latina" muito agitada hoje em dia.

"Hispano-americanismo, cuantas estupideces se hacen y dicen en tu nombre!" (*Martín Fierro*). Tenho horror ao Pan-americanismo. Noções, aliás, que na Europa já acharam rival na idealizada República Européia... Não existe unidade psicológica ou étnica continental. Mesmo aceitando só para argumentar que as condições históricas e econômicas sejam absolutamente iguais nos países de um continente, isso não basta para criação de um conceito social continental porque não são condições permanentes nem intrínsecas.

Então se a gente assunta a realidade põe logo reparo que mesmo dentro de um movimento histórico e econômico mais ou menos continental como o da América, os elementos, as necessidades, as condições diferem formidavelmente de país para país. Considere-se, por exemplo, Estados Unidos, Argentina e Chile, três países de incontestável bem-estar americano de progresso. Tudo neles difere desde os valores objetivos até aos de essência idealista. W. Mann, alvejando outra cousa em *Volk und Kultur Lateinamerikas* (Broschek & Co. 1927) o que esclareceu bem foi isso...

Mas, falei em diferença grande entre as literaturas modernistas brasileira e argentina. Ora essa observação preliminar me parece importante sob o ponto de vista de psicologia nacional. Estamos incontestavelmente num período americano (e até universal) em que a preocupação de nacionalização domina. Escrevendo para brasileiros não careço de argumentar com o Brasil que desandou para um nacionalismo desbragado, às vezes caído num patriotismo de bafafá, que afinal de contas ainda é a tolice do "criança, nunca verás país nenhum como este".

Na América do Norte basta lembrar que estão preocupados em refinar o homem nacional *yankee*, adaptando critérios de imigração mui tendenciosos. Além disso, um livro como *Americana*, de Mencken, prova imediatamente o nacional consciente e vaidoso da nacionalidade, se comprazendo com todas as manifestações dela, risíveis ou nobilitadoras.

No México a preocupação nacional domina fortemente forçando uma tradição ameríndia para o país.

No Peru apesar de ter percorrido apenas a parte oriental e menos progressista do país, pude constatar pessoalmente a mesma cousa. E dolorosamente, porque nunca sofri manifestações de ódio tão veementes como as do peruano contra o chileno que o venceu e contra a Colômbia que deseja porto no Solimões. Resultou disso uns namoricos fictícios com o brasileiro, a quem interessa logicamente a navegação comercial do rio. "Namoricos fictícios" porque, socialmente, no rincão da Sulamérica o Brasil é um estrangeiro enorme. O homem de outra raça, outro passado, e outra fala — razões de incontrastável afastamento, no mais!

Na Argentina, o caso do meridiano intelectual passando por Madri, que a *Gaceta Literaria* propôs, provocou principalmente na rapaziada de *Martín Fierro* uma reação violenta mas sadia. Está claro que uma proposta dessa é de uma petulância ridícula. Como falaram muito bem Jorge Luis Borges e Nicolás Olivari, na literatura argentina moderna, tem muito mais influências francesas e italianas que espanholas. E, com efeito, a gente nota que a própria influência de Ramon Gomes de la Serna, possível de ser reconhecida em certos argentinos, é muito mais estilística que propriamente intelectual. Não se manifesta nos motivos de inspiração lírica ou na organização intelectual dela. Deriva, pois, menos da própria personalidade do espanhol que daquilo em que a maneira dele coincide com certas tendências universais.

A proposta ridícula dos espanhóis não merecia o interesse que lhe deram os moços argentinos. Dedicaram muitas páginas a essa questão inócua. Porém, com exceção rara de algum patriotismo desprezível, todas as respostas foram de franco divertimento, dotadas daquele espírito *burlon* que caracteriza os martinfierristas e que também um tempo tornou insuportáveis para o público brasileiro, os guampaços da *Klaxon*.

E ainda prova de que a América toda se preocupa com a nacionalização dela está no trabalho das línguas.

Pode-se dizer que o repúdio das línguas mães, inglês, espanhol, português, manifesta-se em todas as nações americanas.

E na maneira com que isso está se manifestando, já se principia distinguindo diferenças entre as literaturas modernistas brasileira e argentina.

A Argentina, devido à força concentradora de Buenos Aires e à unidade geográfica, me parece que já possui, mais ou menos, um caráter psicológico chegado a esse estádio de evolução que se determina pela inconsciência nacional.

Aqui no Brasil, a gente ainda está muito conscientemente brasileiro e nisso me parece que não progredimos muito sobre José de Alencar. As dificuldades são aqui muito maiores e talvez mesmo intransponíveis. A nossa variação geográfica é tão grande que me parece que todo brasileiro desejoso de ser brasileiro, tem de o ser mais ou menos conscientemente. Inda para acentuar mais essa variedade geográfica, o país sofre uma desarmonia de progresso formidanda.

Cousa que não se dá na Argentina. O argumento de que ela inclui a Patagônia não tem valor porque não existe para o argentino o problema patagônico, que nem existe para a gente o problema amazônico, para citar o mais penoso. A Argentina, para existir como que faz abstração da Patagônia. Uma prova disso é a inexistência quase absoluta da Patagônia na literatura de lá.

Patagão só aparece em Julio Verne. A civilização das partes meridionais regeladas é para o argentino questão de mais ou menos dia, maior ou menor expansão nacional. Está claro que os norte-americanos não vão desejar aquilo, nem os chilenos povoá-lo primeiro... Entre nós, a Amazônia pesa fundamentalmente como valor político, econômico e emotivo.

A Argentina realizou um progresso material e intelectual unânime e bem grande. O argentino se tornou naturalmente um ser afirmativo, um ser que olha de cima. Sem que para isso careça de inventar idealismos vãos ou patriotismos exacerbados. Está claro que me refiro sempre à geração modernista.

Quando já falam que a Argentina é um grande país e Buenos Aires uma grande capital, falam duas verdades incontestáveis. Isso dá aquela calma necessária de si mesmo, aquela confiança na terra e no patrício que são os elementos mais úteis para determinação, firmação e permanência dos caracteres psicológicos. Ninguém não é tão si-mesmo como em casa. Casa própria. Que o digam os pregos e as paredes... O argentino, consciente da grandeza dele e auxiliado por ela, já possui a confiança de quem está na própria casa e a calma de quem está no próprio quarto. Pouco se amola desse argentino de dentro possuir tal dose de italiano, tal dose de espanhol, etc. E tal dose de argentino. Tudo isso já é para ele mais ou menos indiferente. Não porque raciocine que de fato as entidades nacionais coincidem em vários pontos, mas porque está bem seguro de si. Mesmo ele quase nunca matuta sobre isso porque não carece mais de reagir.

Para reconhecer o que sinto, basta comparar os amazonas de tinta que os modernos do Brasil fazem correr a respeito de brasilidade e a ausência quase absoluta disso nos livros e revistas modernas da Argentina. Só o nome de *Martín Fierro* é tendencioso.

Aqui, tivemos *Terra Roxa* e temos *Verde*. Mas os martinfierristas não fazem parada de nenhuma orientação nacionalizante. Aqui possuímos gente "verde", gente "verdamarela", gente "paubrasil". E há livros que chamam-se *Meu, Raça, Toda a América, Pau Brasil, Minha Terra, Terra Impetuosa, Coração Verde, Canto da Raça, Este é o canto da Minha Terra, Brás, Bexiga e Barra Funda, Clã do Jaboti,* etc., etc., os argentinos secundam no geral com *La Musa de la Mala Pata, El Contador de Estrellas, Terremotos y otros Temblores, El puñal de Orion, Pasos en la Sombra, Inquisiciones, El Cencerro de Cristal, Calcomanías, Naufragios,* etc., etc. *Don Segundo Sombra* foi uma afirmação nacionalista. Mas foi uma afirmação esplêndida.

Ora, a confiança do argentino e a insegurança do brasileiro caracterizam o jeito diferente com que estão sendo tratadas as falas nacionais.

Afirmativas como "Nós falamos argentino", "Nossa fala já não é mais o castelhano", a gente encontra às vezes em livros e revistas.

Ora, sucede que a fala aparecida lá, embora fortificada de longe em longe por algum argentinismo, vai sem pressa, sem reação nem pesquisa, ficando fala argentina e não mais fala castelhana. Mas isso, sem a mínima inquietação. Mas a fala argentina ainda se identifica com o castelhano.

Ora, aqui o que caracteriza os modernos, trabalhando a fala brasileira é justamente a inquietação. Não nego que também aqui muita gente afirme falar brasileiro (prefácio de *Paulicéia Desvairada*) e continue escrevendo duma maneira geral que virtualmente inda é o português. Mas, aqui teve um grupo que se lançou abertamente no trabalho de conquistar uma fala para gente e é incontestável que esse grupo acaparou o problema e domina a questão.

Foi esse grupo o culpado de tornar o problema com esse aspecto de vida ou de morte que ele tomou, quando de deveras é problema sem importância fatal e que resolve-se por si mesmo com mais ou menos tempo, mais ou menos inconsciência nacional.

Mas também carece observar que, se esse grupo tem a culpa do que sucedeu, ele *ficou sempre acima do problema* e foram os que o atacaram ou simplesmente o discutiram ou simploriamente se despeitaram por não terem sido consultados, que desvirtuaram-lhe a importância, engrandecendo-a exageradamente.

Ao mesmo tempo que pela sistematização duma piracema-mirim de modismos, os que passaram sem base larga para o mesmo eito, exageravam e punham à mostra a fraqueza duma fala brasileira possível, em relação à fala comum do brasileiro culto comum. Fala esta, identificável ainda com o português.

Mas essa não foi a intenção dos iniciadores do movimento, não. Que a inquietação dominava-os, é indiscutível. Porém, uma inquietação que até maneiras cômicas de se manifestar tomou. Que nem certas páginas de graça enorme das *Memórias Sentimentais*. Inquietação, que até uma máscara de calma prudencial tomou. Que nem com a solução de Alcântara Machado.

E se o mais exagerado e mais dado em artigos sucessivos de inquieto fui eu, tomei logo o cuidado de avisar que não tínhamos que reagir contra Portugal, que a coincidência com a língua portuga não prejudicava a realidade já individualizada da nossa e sobretudo que o problema de abrasileirar o Brasil culto não se resumia a colecionar, amalgamar e estilizar regionalismos gaúchos caipiras praieiros nordestinos ou tapuios. Tudo isso não era senão conseqüência dum problema muito mais complexo que compreendia a cultura nacional em todas as manifestações imagináveis dela.

Ora esta inquietação e conseqüente reação não existe na literatura modernista argentina. Os argentinos não campearam um jeito de falar argentino, em vez se contentaram de falar para a Argentina.

Podem argumentar contra, que também aqui uma maioria se contenta com isso. O argumento não vale porque foram os extremistas que botaram o problema dançando entre os modernistas daqui. (Aliás entre todos, porque mesmo livros como a *Língua Nacional* ou o *Dialeto Caipira* são puras especulações teóricas. Pregavam uma cousa que não faziam.) O mérito dos extremistas foi se meterem praticando o que os outros não tiveram a coragem de praticar. Não tiveram e não têm por causa de serem mui cuidadosos de suas pessoas e fazenda e não terem o orgulho capaz d'um sacrifício pessoal nem temeridade para um trabalho ingrato e problemático.

Para esses o problema por assim dizer não existe. Basta estudar um bocado a literatura deles para perceber que no fundo continuam escravos pamonhas e servis das gramáticas de Lisboa. Porque afinal das contas não basta a gente condimentar a escritura com a especiaria d'um modismo vocabular para que o prato seja tutu. Continua cozido e não tutu.

Ora eu tiro destas afirmativas uma verificação que satisfaz bem. Se é verdade que a diferença não essencial nem muito característica de condições materiais concorre para dar maior calma para os argentinos e maior inquietude para a gente, me parece que essas condições não bastam para explicar a diferença com que o mesmo problema se manifesta nos dois países entre gente de mesmos ideais.

Essa diferença provém de mina mais profunda. Provém de possuirmos psicologia diferente. Ora se em condições históricas morais, étnicas tradicionais, materiais, mais ou menos idênticas, dois países americanos e vizinhos se diferençam tanto, isso prova que se a psicologia nacional de ambos não é inconfundivelmente original pelo menos já é própria.

Esta afirmativa adianta muito pouco para os argentinos que estão bem confiantes de si. Aliás este meu estudo é para brasileiros, está se vendo. Pois para os brasileiros me parece que a verificação adianta muito.

Verificado e afirmado que o brasileiro já possui psicologia própria, o problema de abrasileiramento do Brasil não desaparece porém assume uma realidade feliz que não possui agora. Essa verificação tem ainda o mérito de tomar ridículos e idiotas todos esses espertinhos pegadores de andorinha, mas ignaros e apressados porém, que vivem de patriotada em patriotada gritando ou mostrando pensar em "Eu que sou brasileiro!", "Eu é que estou sendo brasileiro!", sem a mínima compreensão humana nem da vida nem do Brasil. Geniozinhos exclusivistas, sensitivas por ignorância e miopia carece que saibam que o Brasil não foi feito por ninguém, Brasil é uma fatalidade que a gente pode melhorar ou piorar, esfacelar ou conservar, com psicologia já própria e fatal, através e apesar de todas as pesquisas conscientes.

Terminada esta introdução útil, creio que na crônica próxima já vou entrar numa enumeração mais objetiva da literatura modernista argentina. Eu não tenho erudição dela nem mesmo conhecimento vasto. É possível que vá exaltar valores que passam despercebidos lá ou não são de deveras valores. Esses enganos e muitas confusões são fatais em quem como eu conhece pouco aquilo de que vai falar. Porém não se trata dum estudo que vá beneficiar a ninguém. É um carro-estandarte honesto, para brasileiros, duma literatura que me parece sob muitos aspectos notável e digna de ser mais conhecida aqui.

(Continua domingo próximo.)

VERSOS AL LAGO IPACARAÍ

Gustavo Riccio

Ah, lago Ipacaraí,
tú tienes ondas que suben como el pájaro tiene alas;
cuando te enojas vomitas malas
palabras en guarani.
Ante mis ojos adquieres todo el prestigio
de los valientes;
sobre tu lecho, medrosos, no abren sus piernas
[los puentes...
Eres un lago con gorro frigio.

Tú odias, yo sé, a los turistas que van cada año
a retenerte en el ojo de sus Kodaks y a tirarte
confettis de interjecciones: ah!, oh!... Tú, para vengarte,
le das a alguno un mordisco mientras le ofreces el baño.

Y frente a la poesia
de tus ondas que se enarcan como ballenas,
qué tiene que hacer, me digo, la gastada utileria
de las góndolas, los cisnes, las lunas y las sirenas?...

Tú, libre de la infecciosa literatura
que ha envenenado otros lagos, contemplas dos maravillas,
de um lado la luz eléctrica cantando en sus lamparillas,
del otro el tren encendiendo de ruídos la noche escura.

Como tus antepasados, oh lago Ipacaraí,
que se adornaban con plumas de colores en el pelo,
te pones tú el arco iris, vicha que te ofrece el cielo,
y sueñas con los fuertes de la raza guarani.

TARDE SENTIDA

Pondal Rios

En medio de la tarde
Somos dos corazones
Latiendo la tristeza del paisaje.

Todos los caminos están regressando.
Hablemos más despacio,
O no hablemos,
Porque el tiempo se atarda cuando cruza silencios.

Para construir este momento
Vuelca toda tu pena.
Vivir es la tristeza de ir haciendo recuerdos.

No sientes como crece en nuestros pechos
Una muerte pequeña ?
Otra tarde.
Otra jornada hacia el final del tiempo.
Ya hemos hecho otra legua irremediable.

BAGUALA

Rafael Jijena Sanchez

Con esta ausencia tan larga
viditay, que no hi sufrio!
Le dije tu nombre al viento,
le dije mi pena al rio.

Por la puerta de mi casa
pasan el viento y el rio;
y el viento y el rio se paran
a oir tu nombre, tu nombre
y el lloro mio.

Mitarcita de la noche
viditay, que no has sentio
que el viento dice tu nombre
con un queijo?

Mitarcita de la noche
viditay, que no has sentio
bagualita, bagualita
que canta el rio?

LITERATURA MODERNISTA ARGENTINA*
Mário de Andrade

II

A literatura argentina possui vida coletiva muito forte. Os grupos são ativos e práticos publicando livros e revistas.

Com todas as diferenciações que a personalidade traz pra cada um, sempre se pôde distinguir lá muito melhor os agrupamentos. E vão logo objetivando a ação não apenas nos mutirões dos bares mas por meio de publicações. Possuem uma consciência social bem forte que é uma prova nobre de vitalidade intelectual do país. Se o perfume de tudo isso nem sempre é excepcional pelo menos a ventania é constante.

Não é que nem aqui onde cada um antes de mais nada vive polindo a vaidosidade de ser independente (como si o fossem...) e onde com exceção de grupinhos mais de camaradagem que de idéias cada qual vegeta num isolamento individualista e chué. Chué porque numa ausência indigente de idéias vivemos nos alimentando de ideais vagos e sentimentais. Daí o nosso lirismo

* *Diário Nacional*, São Paulo 29 de abril de 1928.

exacerbado e oratório que se é porventura mais rico em variedade e vibração, continua sem valor social e sem profundeza.

Desta nossa apregoada liberdade nasce ainda um desperdício muito prejudicial. As revistas literárias não passam do quarto número. Atualmente possuímos só duas, *Verde* e *Festa,* quando São Paulo, Belo Horizonte, Porto Alegre, Recife pelo menos, podiam com os modernistas que possuem manter mensários também.

Na Argentina já apareceu e aparece um poder de revistas caracteristicamente modernas. *Nosotros* acolhe modernistas nas páginas dela e publicou a primeira série de poemas ultraístas argentinos em que apareceram os nomes de Jorge Luis Borges, Norah Lange e González Lanuza, pra citar nomes altos. E em *Inicial, Prisma, Proa, Los Pensadores, Claridad, Valoraciones* (La Plata), *Campana de Palo, Clarín* (Córdoba), *Brújula* (Rosário) e *Martín Fierro* exclusivamente modernistas, os moços têm e tiveram bastante por onde aparecer, se agitar e discutir. Até uma feita, faz dois anos, no bar Royal Keller se leu uma revista oral. *Prisma* também teve a sua originalidadezinha. Foi uma revista-cartaz pregada nos muros de Buenos Aires, "cartelón que ni las paredes leyeron y que fué una disconformidad hermosa y chambona" (J. L. Borges).

Se os primeiros pruridos de renovação, apareceram lá com os poemas de Ricardo Güiraldes em 1915, como aqui com a aventura surpreendente de Anita Malfatti, foi mesmo só depois da Guerra que o movimento botou corpo. Uma *enquete* de *Nosotros* em 1923 teve o mesmo e único mérito da Semana de Arte Moderna aqui "puso de manifiesto, sino una nueva sensibilidad, por lo menos una reacción higiénica" (P. J. Vignale).

Mas aqui a gente discursava no teatro, lá se matutava por uma revista... Isso é bem sintomático. Ao passo que a nossa poesia modernista ia tomar uma feição eminentemente rapsódia, a argentina assumia desde logo um caráter intrinsecamente literário. Tipográfico mesmo. Até dentro do Ultraísmo e da metáfora organizada em preceito os argentinos fogem da poesia oratória. Com exceção de Ricardo Güiraldes (poemas em prosa de *Xaimaca*) e de Jorge Luis Borges, que muitas vezes a gente percebe gozando com o valor musical das palavras e oral da frase.

Devo notar que sempre reconheci o valor da eloqüência, que carece não confundir com retórica fácil. Esta é que é desprezível e se manifesta aí por tudo, nos pseudopoetas e espíritos vulgares.

Uma coisa curiosa de constatar é que no começo a arte moderna tomou aqui uma feição de proselitismo exibicionista quase religioso, muito equiparável a certos cultos protestantes e ligas pró qualquer coisa norte-americanos. Não percebo esse mesmo aspecto no modernismo argentino, a não ser no pintor Pettoruti. Em todo caso o aspecto missionário que o movimento assumiu aqui de primeiro (Mestres do Passado, Semana de Arte Moderna, o oraculismo dos discursos de Graça Aranha e dos artigos de Ronald de Carvalho e Renato Almeida, manifestos paulistas), teve pra disfarçá-lo um espírito de amadorismo eminentemente esportivo e saudável. O mesmo espírito que totaliza a *muchachada* de *Martín Fierro*.

No verso modernista argentino o silêncio se encostou. Em *Xaimaca,* Ricardo Güiraldes sente o pampa assim:

> Poco a poco menguaron las arboledas, enriqueciòse de alfafa la tierra y clara, como un abra entre montes, se despoblô con sus arideces naturales la pampa. Desde nuestra pequeña altura de hombres ínfimos, cortamos en breve tangente un segmento de planetas. Mas allá, fuera de sospecha, sigue el mundo; mundo vale decir pampa. Pampa madre, creadora en mí de una gota de savia que quiere hacerse canto.
>
> Con tal insistencia me habían hablado del calor, que me consuela el no haberme hasta ahora derretido. Encerrado en mi compartimento, estoy en pijama. El viento que por la ventanilla abierta y los bostezos de mi ropa me sopla en las carnes, es tibio y pesado como un edredón.
>
> Respiro lentamente. Algumas gotas de sudor hacen angostas cosquillas frescas por mis flancos. No pienso en nada hermoso y forzado a sufrir por horas aun estas abrumantes culminaciones climatéricas, jadeo embrutecido por depresiones físicas, como un perro bajo la calcárea vertical de un sol de fiesta.

Agora é só a gente lembrar o rapto sonoroso com que Ronald de Carvalho sente também o pampa. Embora a própria diferença que vai da prosa à poesia já baste pra dar certa distância entre os dois passos, as notações de *Xaimaca* são verdadeiros poemas em prosa. E basta observar a construção intrinsecamente lírica da primeira frase citada pra verificar que estamos em poesia.

Aliás Ricardo Güiraldes tem uma reflexão que me parece assentar bem a quase toda a poesia argentina modernista. Quando em *Xaimaca* uma pessoa... lírica fala

> — Estamos ya en el viento del Pacífico. Por él se puede tirar rumbo a todos los países viejos en cuyos templos ruinosos se recibe el pautismo de las filosofías madres,

o autor reflete:

Mi atención queda en lugares más inmediatos...

Se nota nos argentinos um certo realismo imediato que pra gente indicaria uma certa falta de imaginação. Estará certo se a gente entender aqui por imaginação uma faculdade inventiva que cria por explosões surpreendentes ou complicadas. Basta lembrar a obra dos uruguaios, mais imaginosos nesse sentido, Lautréamont, Laforgue, Supervielle, os que levaram e ajudaram o "rarismo" na literatura francesa. E Reissig. Ao que a Argentina corresponde com Sarmiento, Hernández, Carriego e Lugones.

Se poderá dizer que em linha geral a ficção, fictícia mesmo, não é constância da psicologia argentina. Pra eles vai melhor um realismo menos imaginoso e mais claro. Parecem querer repetir na América o papel que a França realizou na arte européia dos três últimos séculos.

Não possuem como a gente esta facilidade infeliz de pagadores de andorinha. Está claro que lá também se usou e abusou de toda a retórica modernista e que a maioria das tentativas não passou de treino porém se nota uma força mais refletida e mais aproveitada no estudo e na discussão.

Na Argentina há uma vida intelectual muito intensa. Vida agrupada e não individual porque sempre os grupos são mais fecundos que os indivíduos. Essa vida principia cedo nas escolas. A vida universitária argentina é atualmente muito viva e até irrequieta. Isto se deve em parte enorme à maneira com que está organizado o aparelhamento universitário de lá, libérrimo, bem atual, independendo da vida política e até certo ponto da administrativa da nação. Uma espécie de nação de moços dentro da nação argentina. Veio daí um dinamismo excepcional entre a estudantada, em que a politicagem dos rapazes e o caudilhismo dos professores queridos não é prejudicial porque dá pros estudantes uma ficção de independência, de responsabilidade e força, valiosos quer sobre o ponto de vista da confiança em si mesmo quer sob o ponto de vista intelectual. Porque desses banzés e chinfrins proveio uma evidência nítida da precisão de cultura. Basta dizer que faz pouco, Pedro Juan Vignale propunha lá em comício, congresso ou cousa assim, uma reforma de instrução baseada em Lunacharsky...

Se todo o movimento intelectual brasileiro está se realizando depois, pra fora e por assim dizer "apesar" da vida universitária, esta possui na Argentina a função fecunda e justa que tiveram as faculdades de Direito brasileiras, na Monarquia. Hoje estas faculdades fazem doutores e filhos-de-políticos.

O que também concorre pra desenvolver em base boa a compreensão moderna de arte da Argentina são as revistas. Dentre elas, duas me parecem especialmente significativas, *Claridad* e *Martín Fierro*.

Claridad nome de manifesta importação francesa, é a antiga *Los Pensadores* de Antonio Zamora. Modificada e modernizada tomou uma feição social comunista vibrantíssima. É a mais combativa. E a mais feliz. Por causa da gente dela possuir um credo social e artístico bem determinado, segue rumo sem turtuveios nem pesquisas estéticas de ordem puramente desinteressada. É uma revista sã. Mas porque é feliz, a alegria aparece raramente nas páginas delas. Quem parece resumir a norma da alegria argentina é *Martín Fierro* mais pesquisadora mais inquieta mais artística e mais desigual.

Em *Claridad* a prosa enumera nomes excelentes. Contistas como Mariani e Henrique Amorim. Ensaístas como Luis Emilio Soto, figura forte e angular, com a pureza nítida dum desenho de Léger. Escreve pouco infelizmente. Mas no que escreve bota pensamento implacavelmente argumentador. Autor de *Zogoibi, Novela Humorística,* verrina temível contra Larreta, argentino falso.

Também novelista ensaísta saliente no grupo é Salas Subirat. Depois duma novela mais longa que atraente *La Ruta del Miraje* convertido em hora boa à causa da revolução social, publicou um romance muito interessante, *Pasos en la Sombra* de que já dei nota uma feita em *Terra Roxa*. Como ensaísta, tanto o "Ensayo para los Fósiles del Futurismo" como o "A cien Años de Beethoven" são obras excelentes. Erudição sem alarde e visão franca. Quase sempre exato.

Entre os poetas desse movimento Alvaro Yunque alcançou alguma notoriedade com os "Versos de la Calle", com efeito muito superiores às "Zancadillas" que seguiram. Páginas de fé. Falando ao punhal do avô:

... hoy, desde que eres mio, yaces, sucio de herrumbre y en un cajón, con libros, papel y lapiceras...
(............................)

Vaya, y qué pensaria de mi el abuelo criollo,
puñal, si ahora te viera!
Pero yo soy un gringo; yo trabajo a lo gringo,
arando el alma humana como si arasse tierra,
y yo, puñal, contigo saco punta a los lapices.

Mas também atinge a delicadeza lírica como ao ver o paredão da Penitenciária:

Tan monótono, triste y frio
— como una hoja de la ley —
lo vi que, compasivamente,
le escribi un nombre de mujer.

Um poeta que *Claridad* abrigou e me agrada extremamente é Aristobulo Echegaray. A revolta social dele é duma suavidade curiosamente exemplificadora mas contemplativa. Por todo o "Poeta Empleadillo" passa uma ingenuidade tão pura que comove muito. É desses poetas que a gente fica querendo bem. O *Diário Nacional* publica noutro lugar um poema dele.

É um revoltado sem revolta.

Sem nenhuma intenção de menosprezo, ele me parece um menchevique em verso.

Dentro da mesma delicadeza, dos afastados de grupos, está Marcos Fingerit apenas estreando com as "Canciones Minimas y Nocturnos de Hogar". Foi uma tentativa feliz de tirar doçura da banalidade.

Tienes los ojos claros,
los cabellos grises,
la boca amarga,
madrecita mia

Tengo los ojos claros,
los cabellos rubios,
la boca amarga,
madrecita mia!

Mas já procura cantar uma vida mais datada e deixa que...

> ...a la sombra
> de los rascacielos en flor
> mi niña ilusión
> se ponga a jugar.

A suavidade lírica se manifesta modernamente na Argentina sem excesso de individualismo. Além de Conrado Nalé Roxlo que a gente não pode chamar propriamente uma sensibilidade moderna, Francisco Luis Bernardez e Pedro Juan Vignale exemplificam a doçura tipicamente argentina de agora. Francisco Luis Bernardez mostrou na "Alcándara" uma tendência pra cantar com a testa reclinada.

Pedro Juan Vignale conseguiu reunir a alegria com a felicidade. Figura feita bem pela época. Mas o pensamento dele, imbuído de Comunismo, não mora na mesma rua da poesia. Além duma *Exposición de la actual Poesia Argentina,* antologia muito boa, feita de colaboração com Cesar Tiempo, publicou os "Naufragios" da agradável têpera lírica. Dele o *Diário Nacional* publica hoje a deliciosa "Córdoba". Publicou recentemente um poema delicioso, "Sentimiento de Germana" de que darei notícias mais tarde.

Soler Darás vive contando estrelas. Porém a claridade firme e bem diurna da voz dele não possui aquela escureza complacente que permite a presença dos astros. Também hoje o *Diário Nacional* publica a bonita "Playa" dele.

(Continua no domingo próximo.)

CÓRDOBA

Pedro Juan Vignale

Córdoba la bella,
redonda de cúpulas
como una doncella!
Un cielo clarísimo
de agua y de raso,
Dón principalísimo
de alcurnia beata:
tan sólo a un Dios reza
con cara de plata.
Ciudad doctoral,
tiene tu español
tintin de cristal.
Córdoba: te irrita
el champagne... prefieres
el agua bendita!
Córdoba: tan vieja
que aun guarda flores
detrás de la reja.
Y por las mañanas
perezosa sale,
paso de campanas.
Y oye una misa,
y vuelve a los patios
callada y sumisa.
Ronca un tren lejano...
Un tranvía eléctrico
chispea el aldeano
reposo. Y la vieja
oye y mira esto
por entre la reja.

— Jesús, ay Jesús
qué tiempos vivimos!
Y signa la cruz.
Córdoba: alfajores
y yerbas que curan
todo los dolores.
Lucen tus paisajes
pátinas latinas
de los beguinajes:
sierras e cortijos,
ásperas caleras
y los nuevos nijos
en burros begardos...
Azuzadies vais
dos siglos de tardos!

PLAYA

Soler Darás

El mar, sobre la arena,
arroja júbilos de espuma.
La playa se abanica de gaviotas
para saludar al sol.
Playa quebrantada de luz
sobre los cristales del mar,
infantilizada y eterna
por los siglos primeros.
Sabor a tiempo y a distancias
en el museo del silencio
Grandes pampas de vientos
aglomeram horizontes.

— Bandoleros mitológicos
de los puntos cardinales. —
La playa
es un tumulto de sirenas
para llorar a los náufragos.
Los pájaros-piratas
cruzan distancias
desesperados de infinito.
Y el mar.
hace un escándalo en mi espiritu
    constructor de Ciudad.

GLORIA

Aristobulo Echegaray

Si al partir para el último agujero
soy un pobre empleado todavia,
quanta gloria caerá sobre mi nombre!
Al saber el suceso en la oficina
se hará una rápida colecta. El jefe
pondrá cinco o diez pesos — y su firma —
se enviará a mi familia un telegrama
— poco hará el telegrama a mi familia —
se comprará una palma, una corona,
cualquier cosa de esas que se estilan;
y yo, que soñe siempre una corona,
una palma, ya léjos de la vida,
no sentiré las horas vegetadas dentro de una oficina...

LITERATURA MODERNISTA ARGENTINA*

Mário de Andrade

III

O movimento da revista *Martín Fierro* é na certa o mais vivo, mais fecundo e mais típico da literatura moderna argentina. *Martín Fierro* tomou e mantém cada vez mais viva uma função orientadora e selecionadora de idéias e valores caracteristicamente modernistas. Além disso, limitou em geral a sua manifestação à arte, o que a valoriza especialmente neste trabalho, cujo fim é de vulgarização artística.

Por todas estas razões *Martín Fierro* ajunta o que tem de melhor a literatura moderna argentina e representa com largueza e caráter o espírito dessa literatura.

Infelizmente nos últimos tempos tem se esforçado por congregar nas páginas dela também muitos nomes estrangeiros. Especialmente europeus. Especialmente franceses. Digo "infelizmente" pra nós, os que se interessam pela manifestação argentina de arte que fica prejudicada não em valor mas em número diante dessa concorrência estrangeira. Esta a gente lê nas revistas européias

* *Diário Nacional*, São Paulo, 13 de maio de 1928.

com bem mais nitidez e verdade. Numa revista sul-americana na maioria dos casos não pode interessar. Em geral é escrita "pour l'Amerique Latine"... Eis um reparo que me parece mais fácil de ser feito pela timidez recalcitrante dum brasileiro que pela confiança dum argentino...

O espírito de *Martín Fierro* é eminentemente nacional, culto e alegre. Um jeito gozador caçoísta e esportivamente serelepe que entre nós só mesmo os paulistas conseguem ter.

Até o nome da revista lhe esboça bem a força nacional. Me parece incontestável que nas suas linhas gerais a Argentina toda já vibra num ritmo psicológico único. Até entre os escritores mais díspares a gente já percebe um certo ar-de-família difícil de fixar porém fácil de sentir. Um criulismo essencial menos tendencioso que inconsciente, mais ativo que simplesmente rotular. Uma espécie já de fatalidade nacional eminentemente lógica e feliz que se encontra sobretudo em Güiraldes, em Oliverio Girondo (apesar de Girondo...) e especializadamente na obra surpreendente de Jorge Luis Borges que dentro de toda a cultura hispânica dele, vê e sente crioulamente.

Esse criulismo tão bem vibrado no ensaio de Jorge Luis Borges que o *Diário Nacional* publica hoje, me parece costurar as páginas de *Martín Fierro*. Apesar de toda a influência européia, ou antes, aceitação européia que a gente pode encontrar nas doutrinas estéticas que a revista prega ou indica.

Eu falei que o nacionalismo argentino era mais inconsciente que rotular. Com efeito a pouca freqüência do problema "Nacional" nas páginas de *Martín Fierro* e a importância sem importância que a ele parecem dar na revista me leva em grande parte a essa afirmativa. Que pode ser mais ou menos falsa...

Quem se preocupa mais com ele é Jorge Luis Borges. Este poeta e ensaísta me parece a personalidade mais saliente da geração moderna da Argentina. Depois de Ricardo Güiraldes — o que teve a felicidade de morrer depois da obra-prima — a figura de Jorge Luis Borges é a que mais me atrai e me parece mais rica de lá. Será talvez ele quem vai substituir Ricardo Güiraldes e consolar com uma presença de intimidade a memória do morto.

Jorge Luis Borges vivido muitos anos de estranja, quando chegou na pátria já igualado, se espantou com ela e se aplicou a cantar a realidade dela. Disso lhe veio o *Fervor de Buenos Aires* e *Luna de Enfrente* dois livros de poesia. Publicou mais *Inquisiciones,* ensaios. Este é um livro excepcionalmente bonito, duma elegância muito rara de pensamento, verdadeira aristocracia que educou-se na sobriedade, na imobilidade da exposição e no raro das idéias. Além disso apresentando uma erudição adequada. Às vezes ri. Muito pouco. Realiza perfeitamente aquela síntese crioula que Güiraldes deixou numa página boa de *Raucho*: "Era prudente y callado: solia reir sin ruido y sabedor de las inseguridades en la vida, no avanzaba un juicio sin anteponer la duda". Jorge Luis Borges me parece mais ou menos assim. É verdade que em *Inquisiciones* ele apresenta menos que pensamentos, resultados de pensamentos porém suponho uma espécie de dialética helegiana no jeito dele pensamentear.

Um certo ceticismo decadente que talvez lhe venha da cultura, excessiva pra idade tão moça que mostra só 28 anos.

> He persistido en la aproximación de la dicha y en la privanza del dolor.

> Soy esa torpe intensidad que es una alma.

Ele mesmo fala em dois versos bonitos e amplos. Tem pouca vida objetiva, mesmo nos versos descritivos de *Fervor de Buenos Aires*. Jorge Luis Borges viveu menos de que pensou e agiu literariamente. Ele afirma a tristeza essencial do argentino. Tanto nele como na figura de Don Segundo não me parece que seja bem tristeza. É antes um silêncio essencial. O silêncio altivo das trepidações que supõe lá dentro da usina milhares de cavalos-força nascendo. Os versos dele que conheço são naturezas mortas naquele sentido tão lindo de "vida silenciosa" que lhe dão os alemães. Jorge Luis Borges tirou dos estudos uma fadiga contemplativa e condescendente. Então diz: "El tiempo está viviendome"...

Por falar em tango (estava pensando em comparar Jorge Luis Borges com o tango) quem escreveu página boa sobre ele em *Martín Fierro* foi Sérgio Piñero filho, que eu saiba, exclusivamente prosador. Publicou *El Puñal de Orion,* impressões de viagem, livro exquis, porém duma prosa firme e escrita por si mesma. É hábil o jeito com que Sérgio Piñero aliás em viagem pouco banal pelos mares gelados do sul, brinca com o banal sem se deixar propriamente cair nele. Certas passagens como a das feitorias de Georgia ou a com Mr. Barlas deviam de enquisilar num escritor de segunda ordem. E mesmo tratadas pelas mãos espertas e jornalísticas de Sérgio Piñero, cuja notação comovente cai sempre no lugar e ajusta bem, ninguém não poderá garantir que não sejam esquecidas depois. Ou pelo menos garantir que possuam essa utilidade da lembrança pela qual as obras continuam muitas feitas vivendo dentro da gente.

Na crítica estética doutrinária um tempo se distinguiu em *Martín Fierro* Leopoldo Marechal. É expositivo, claro e possui essa confiança no que diz que ajuda a convicção do leitor. É também poeta dos falados, desque publicou *Dias como Flechas* em 1926.

Martín Fierro aconselhou a leitura de Norah Lange. A poesia feminina, desde a experiência notável da uruguaia Delmira Agostini, tomou no Prata uma feição fatigantemente sensual. Daquela mesma sensualidade que fez o sucesso e o descrédito da primeira fase de Gilka Machado aqui. Inda agora a talvez mais recentemente aparecida em livro das poetisas argentinas, Nydia Lamarque, publica a "Elegia del Gran Amor". A guitarra é a mesma. Só que Nydia Lamarque em vez das notas semostradeiras da prima tira em geral sons de bordão.

Norah Lange, pelo que sei dela e é pouco, escapuliu do farrancho e principiou com doçura de intimidade uma cantiga solitária sutil.

TARDE A SOLAS

Vacia la casa donde tantas veces
las palabras incendiaron los rincones.
La noche se anticipa
En el piano mudo
Que nadie toca.
Voy a solas desde un recuerdo a otro
Abriendo las ventanas
Para que tu nombre pueble
La misera quietud de esta tarde a solas.
Ya nadie inmoviliza las horas largas y cerradas
A toda dicha mía.

> Y tu recuerdo es otra casa
> Grande y quieta
> Por donde yo tropiezo sola.
> Y mis latidos forman una hilera de pisadas
> Que van desde su puerta hacia el olvido.

Outro poeta notável do grupo, mano de Cesário Verde, um Cesário de café-concerto, é Nicolás Olivari. *La Musa de la Mala Pata* que publicou faz dois anos tem capa dum amarelo que arde na vista como para se lembrar da sensualidade sestrosa dos "Amours Jaunes".

Nicolás Olivari é duma poesia extremamente simpática que, como vida, interessa aos que conhecem a vida noturna e, como despeito, pra fazer raiva, aos bem-aventurados, às solteironas e aos homens de família com boa reputação. Nicolás Olivari inventou um "criollismo sin sol" talvez por demais insistente no assunto boêmio pra não se tornar retardatário aos trabalhos do dia. Tem poemas admiráveis. Nos versos dele as notas de sarcasmo ou de ironia usam um processo de frutecência de jaboticabeira: grudam no tronco. É cantador como o quê. E como sabe mostrar sem pudor falso uma última caspa sentimental, *La Musa de la Mala Pata* canta saltando com muito sabor.

O *Diário Nacional* também publica um poema dele hoje.

Um que em geral detesta o nu é Oliverio Girondo (*Veinte poemas, Calcomanías*). Se veste de imagens. Faz casal de jaboticabeiras com Olivari, porém se contenta com a flor. Pra mim o principal defeito do excesso de imagens é elas abrirem concorrência entre si. Nos poemas de Oliverio Girondo abriram. A gente às vezes esquece dos versos e torce por um simples concurso de beleza. A obra de Oliverio Girondo toma por tudo isso a aparência de festança dos bailes à fantasia. Mas no poeta que descreveu aquela Semana Santa sevilhana não me parece que tenha leviandade apenas. As imagens são que nem as máscaras: muitas feitas dão pra realidade, uma realidade mais imediata e sincera. E Oliverio Girondo não demonstra aquela psicologia de desvairo metafórico que os futuristas e expressionistas apresentam. Rima bem; e de rodada entre as metáforas curiosas se conserva dentro dum realismo natural.

OTRO NOCTURNO

La luna, como la esfera luminosa del reloj de um edificio público.

Faroles enfermos de ictericia! Faroles con gorros de apache, que fuman un cigarrillo en las esquinas!

Canto humilde y humillado de los mingitorios cansados de cantar! Y silencio de las estrellas, sobre el asfalto humedecido!

Por qué, a veces, sentiremos una tristeza parecida a la de un par de médias tiradas en un rincón? Y por qué, a veces, nos interesará tanto el partido de pelota que el eco de nuestro pasos juega en la pared?

Noches en las que nos disimulamos bajo la sombra de los árboles, de miedo de que las casas se despierten de pronto y nos vean pasar, y en las que el único consuelo es la seguridad de que nuestra cama nos espera, con las alas tendidas hacia un país mejor!

E creio que não esqueci nenhum dos nomes mais evidentes do movimento modernista da literatura argentina. Com mais o artigo sobre Ricardo Güiraldes, domingo que vem, esta série se acaba.

Minha intenção foi a melhor possível e não tenho a vaidade dos juízos que exprimo. Valem de passagem como sensação de leitor estrangeiro, no sentido em que "estrangeiro" compreende apenas uma psicologia étnica diferente. Porque no resto não me considero estrangeiro pra ninguém. Aqui no Brasil a palavra "estrangeiro" só é conhecida pelos semicultos. Meu povo só fala em "estranhos". Naqueles que a gente estranha um bocado pelo modo de falar e de sentir. É como estranho que escrevi tudo isto. Minha intenção foi apenas vulgarizar aqui nomes de valor que não cedem a muito nome europeu que vem na capa tradicionalmente comprada de livro francês, inglês e italiano.

Na renovação enorme por que está passando a literatura de agora, nossos países da América já compartem com menos número mas igualdade de valores, do movimento do mundo. Os valores de hoje se disseminam melhor, deslustrados pela pesquisa e pela insatisfação. Se as obras grandes aparecem também, porque gênio jamais não foi privilégio das épocas de perfeição formal, é certo que a maioria infinita das obras nascidas nos períodos de transição têm que trazer o destino das vias-de-comunicação: passar.

A literatura modernista argentina já produziu a obra de Ricardo Güiraldes, porém com as outras literaturas indica principalmente por enquanto uma força nova de muita promessa. E aparece prá mocidade do mundo cantando simpaticamente o verso lindo de Raul Gonzalez Tuñon:

Soy un gran pedazo de juventud.

(Termina no domingo próximo.)

POESIA SIN TITULO

Leopoldo Marechal

(de *Dias como Flechas*)

En una tierra que amansan potros de cinco años
El olor de tu piel hace llorar a los adolescentes.

Yo se que tu cielo es redondo y azul como los huevos do
[perdiz
Y que tus mañanas tiemblan,
Gotas pesadas en la flor del mundo!

Yo se cómo tu voz perfuma la barba de los vientos...

Por tus arroyos los dias descienden como piraguas.
Tu rios abren canales de música en la noche;
Y la luna es un papagayo más entre bambúes
O un loto que rompen a picotazos las cigueñas.

Es un país más casto que la desnudez del agua...
Los pájaros beben en la huella de tu pie desnudo...

Te levantarás antes que amanezca
Sin despertar a los niños y al alba que duerme todavia.
(El cazador de pumas dice que el sol brota de tu mortero
Y que calzas al dias como a tus hermanitos).

Pisarás el maiz a la sombra de los ancianos
En cuyo pie se han dormido todas las danzas.

Sentados en cráneo de buey
Tus abuelos fuman la hoja seca de sus días
Chisporrotea la sal de sus refranes
En el fuego crescrente de la mañana.

(Junto al palenque los niños
Han boleado un potrillo alazán...)

En una tierra impúber desnudarás tu canto
junto al arroyo de las tardes.
Tú sabes algun signo para pedir le lluvia
Y has encontrado yerbas que hacen soñar.

Pero no es hora, duermen
En tu pie los caminos.

Y danzas en el humo de mi pipa
Donde las noches arden como tabacos negros...

PANTOMIMO
SEVERIN:

Nicolás Olivari

Severin, pantomimo grotesco,
Rey Lear de la corte del sueño
Es tu mueca macabro diseño
Surgida dum cuadro de Thibon de Libian
Has caido en mi cine de barrio
Agitando tus manos de araña,
Severin! el hambre no engaña
Y tú eres del hambre su sueco galán

Severin, espantoso relieve del crimen
De la Rue del Vizconde D'Estoche
Tu amante no viene esta noche
Oh! principe negro del negro bas fond...
Faltarán esta noche a la cita
Tú señorita y mi Milonguita...
Linda puñalada tendrá el corazón!

En el cine de barrio triunfa
Tu arte manido de apache infecundo
Tu mundo es mi mundo
Grotesco arlequin,
Relena de estopa tu faz de magnesia
Se agita en la vana epilepsia
Que danza en la tripa del loco violin.

Severin, pantomimo grotesco,
Ya cae la noche en la turbia cortada,
Se acelera el burgués en la torpe celada
Y una luna prestada
Desaloja al farol
Severin, acabemos por Dios! nuestra bárbara
Farsa, y en el vil tobogán de la gárgara
Compartamos! oh mimo! la ilusion del alcohol!

LITERATURA MODERNISTA ARGENTINA*
Mário de Andrade

Me parece que nenhuma figura representa mais integralmente que Ricardo Güiraldes o período psicológico nacional que estão atravessando com maior ou menor intensidade as nações sul-americanas.

Já afirmei que a diferença psicológica atual entre brasileiros e argentinos significava mais que simples descendência racial e circunstâncias sociais diferentes. Significava que as duas nacionalidades já possuíam uma entidade psicológica constante. Essa entidade por meio de todas as libertações entrou no período de fixação. Por isso mesmo, período de mais turtuveio. Momento de trabalho brabo, muita crítica, pesquisa por demais, inquietação, vitórias e enganos. Nós, mais inquietos mais ingênuos e mais inventivos. Os argentinos mais confiantes mais firmes, menos individualistas. Porém todos dentro do mesmo turtuveio entre a atração e influência européia e uma fatalidade nacional certa mas sem nitidez ainda, quase miragem, por ser baseada no futuro.

Ora influência européia, apesar de figuras escoteiras mais ou menos arreadas de hispanismo lá e lusitanismo

* *Diário Nacional*, São Paulo, 20 de maio de 1928.

aqui, ou mais ou menos germanizadas no pensamento, influência européia quase que é sinônimo de influência francesa. Pois ninguém como Ricardo Güiraldes não pode representar tanto este momento sul-americano.

O artista pode escolher mais livremente as influências que acomodam-se com o temperamento dele. Escolher e até reagir contra. Porque na fixação a gente não deduz a verdade com a mesma lógica que numa orientação científica de qualquer espécie. Em arte a verdade, em que pese aos Zelsings e Jeannerets, nem é propriamente uma dedução intelectual, é muito mais questão de afinidade eletiva. "No tengo aptitudes de máquina para transformar bellezas en utilidades y si algo hay de verdad en mis escritos, culpa mia no es" (*El Cencerro de Cristal*).

Acho que ninguém não representa talqualmente Ricardo Güiraldes o momento psicológico sul-americano justamente porque em ninguém como nele não se ajuntaram tão conscientemente tão equilibradamente e bem aceitas as duas tendências em que a gente se debate: atração da França e atração nacional. De toda a obra dele pequena e desigual (desconheço *Rosaura*, edição fora de mercado) se salientam pelo valor duas: *Xamaica* e *Don Segundo Sombra*. A primeira representa o predomínio da influência francesa, obra requintadíssima. A segunda é um equilíbrio perfeito entre as duas tendências mas tendo como base fatalizada o ideal nacional.

Ambas são dois poemas admiráveis. Poemas em prosa. É verdadeiramente poemas e não romances porque nelas não tem entrecho propriamente. Nelas o desenrolar lógico dum caso ou duma vida é secundário ou é mesmo alógico como é o caso de *Don Segundo Sombra*. A inteligência não desenvolve historiadamente o tema lírico. São cenas ajuntadas em rosário, sem seqüência imediata nem continuidade imprescindível. *Xamaica* um poema de amor, com base psicológica e realística. *Don Segundo Sombra* um poema heróico, objetivo nas cenas porém idealista no fundo, continuando as Sagas pampeanas com *Facundo, Martín Fierro* e talvez a *Guerra Gáucha* de Lugones.

Ricardo Güiraldes teve isso de curioso; sendo um temperamento bem de poeta, foi na prosa que achou o melhor jeito de criar poesia. Quando fez poesia, formalmente poesia, foi inferior com o *Cencerro de Cristal.*

Aliás o *Cencerro de Cristal* me parece um livro difícil dum estranho julgar. Porque tem valor mais histórico que intrínseco, e a História possui pros homens um valor afetivo que fortifica as emoções... Foi uma espécie de ensaio que pra mim resultou ineficaz como beleza. Ou antes uma espécie de descanso prematuro dentro da liberdade poética pós-simbolista, dum poeta que sentia-se eminentemente prosador, quero dizer, dum homem no qual as necessidades da inteligência se não predominavam de todo sobre a sensibilidade inata e a impulsão lírica (como é ofício da prosa verdadeira) prefeririam dominá-las e organizá-las sempre dentro dum entrecho pelo menos esgarçado.

Cencerro de Cristal é uma tentativa de libertação da poética tradicional, pesquisa por muitas partes malograda. Mas é como isso que conserva um valor histórico inamovível. Dele que data a renovação literária argentina. Aliás me parece que Ricardo Güiraldes só tem de modernista o ser precursor da renovação atual com esse livro. No resto da obra dele, é um artista sem facção, dos que ficam por cima das épocas que nem um Conrad ou um Thomas Mann, nada tendenciosos e mais respeitosos da personalidade deles que de veleidades inovadoras. São raríssimos os traços de *modernismo* encontráveis na obra de Ricardo Güiraldes. Foram os apreciadores dele os influenciados por ele, isto é, todos os modernos de lá, os que souberam perceber melhor na Argentina a grandeza do que tinha de vir, especialmente os martinfierristas que o atraindo pra eles ou indo a ele, impossibilitaram o isolamento do pé de milho fazendo-o viver no canavial. Mais ou menos o caso de Paul Valéry prá França e de Pirandello prá Itália.

E é certo que Güiraldes sofreu sempre uma certa traição de valores. *El Cencerro de Cristal* mais que valor próprio vale pela posição histórica que teve e *Don Segundo Sombra* vale menos que o valor intrínseco por causa do símbolo que muitos viram nele de livro nacional. Como "herói nacional" (herói no sentido de tipo) Don Segundo Sombra é falso e exclusivamente romântico. Pela dedicatória do livro parece que o próprio Ricardo Güiraldes sentiu um certo arroubo idealista diante da obra bonita que fizera... Coisa explicável no que viveu tempo comprido no campo entre gaúchos. Porém mesmo assim não creio que Ricardo Güiraldes tenha visto no gaúcho um símbolo de nacionalidade... Símbolos assim ajudam o sentimentalismo dos povos em geral mas não podem satisfazer as exigências dum espírito superior que não esteja enfraquecido por circunstâncias sentimentais do momento.

E é bom falar que no Rio Grande do Sul nossa gente se envaidecendo de revoluções discutivelmente bonitas e muito heróicas não tem dúvida, e de certo influenciada pela continuidade do sangue de boi correndo, está criando também um ideal valentão que me parece infantilmente frágil. Entre heroísmo de facão e laço e heroísmo de combater chão de pedra mineiro ou seca nordestina, acho que como individualismo todos se equivalem. Mas socialmente falando o heroísmo briguento é um heroísmo apenas caloteiro. Agora não tenho forças mesmo é pra perdoar esse heroísmo quando além de caloteiro é literário.

Don Segundo Sombra sofreu na Argentina duma traição de valores que talvez o tempo desfaça. Como criação é livro admirável. Como tipo, o gaúcho representado nele pelas duas figuras centrais, pode corresponder a uma realidade geral, o que não tem importância na ficção. Porém real ou irreal, Don Segundo Sombra é uma figura artística admiravelmente nítida, impressionante, geralmente vivida. Esses são os valores reais dela. Mas ela trazia o perigo de formar nos patriotas a melodia dum hino nacional e parece mesmo que pra maioria ela está valendo pelo perigo que tinha e Ricardo Güiraldes acentuou pela destreza sem cochilo de Don Segundo.

Como pesquisa, o *Cencerro de Cristal* revela influências várias e até indesejáveis. É possível encontrar um certo wildismo nele. E também nas "Plegarias Astrales" uma talvez influência futurista pelo abuso das metáforas (e das metáforas gigantescas) pela eloquência falsa tão inexistente no Güiraldes verdadeiro, pela exaltação do Sol e desprezo à Lua. É uma pesquisa variada e incessante. O livro parece "tener alma de proa" como Güiraldes fala de si num verso simpático.

Se salvam as sátiras e os poemas nacionais. Páginas mais vividas como a deliciosa "Chacareca". Sobre o gaúcho aparece aliás uma idealização sentimental bem fraca.

Antes do *Cencerro de Cristal,* Ricardo Güiraldes publicara os *Cuentos de Muerte y de Sangre.* É também livro de valor literário bem reduzido. Porém as anedotas impressionantes da primeira parte já caracterizam bem o poeta. Se percebe que ele tem um certo derriço pelas coisas fortes e primitivas. A braveza e simplicidade selvagem de alguns desses casos pançudos são as mesmas que com mais universalidade e perfeição a gente encontra em *Raucho* e *Don Segundo Sombra*. Já declinado na vida por causa da doença detestável, Ricardo Güiraldes voltou prás tendências do princípio, genializando o que de primeiro fora simples notação. E não é rara essa volta dos artistas quando igualados, pro assunto escolhido no começo da carreira. Questão de curiosidade do próprio passado e redenção de culpas.

Apesar de bem mais firme o livro que segue inda esvoaça. Só depois é que virão as obras definitivas. Em *Raucho* o poeta experimenta o romance. É um romance bem romance, todos os fatos e gestos possuem dia seguinte. Conta a aventura do sul-americano em Paris. Raucho Galván obtém lá uma certa voga e prazeres a custa de sacrifícios morais. Paris é ineficaz pros destinos duma vida sul-americana? Então Raucho desmoralizado, meio abúlico, é trazido pra trabalhos de estância que conhecia de piasote. O livro evita bem as cenas de romance com a exceção inexplicável da página do sonho. Mas o horror preconcebido pelo fato sentimental, que é tendencioso da literatura moderna argentina, tem no autor de *Raucho* um exemplo bom. Ricardo Güiraldes tem a predileção dos homens bem masculinos. O próprio Marcos de *Xamaica* é um homem forte a que certa fadiga proveniente de cultura e requinte de civilização, tornaram mais variado mais subtil e sobretudo menos voluntarioso. É o forte que descobriu a contemplação.

Mas nos dois tipos argentinos requintados pela civilização européia que Ricardo Güiraldes inventou, estava com vontade de escrever "autobiografou", Raucho e Marcos, a ação civilizadora foi deletéria e os despaisou. Isso é curioso de constatar quando a gente se lembra que o poeta era uma figura civilizadíssima, aceitando conscientemente a influência francesa e se utilizando dela. Raucho e Marcos seriam nesse caso as confissões poéticas de um arrependimento seqüestrado...

Nossa tragédia atual consiste nisso: possuindo já uma base boa de psicologia étnica não possuímos civilização própria. E a civilização européia que a gente é obrigado a aceitar pra ter uma, age em nós ver azeite no mar, amolece a realidade. Ricardo Güiraldes se conservava dentro da aparência européia. Na obra dele é uma verdadeira constância o refinamento de observação bem à francesa: "En su escritorio, enredado de humo a fuerza de fumar, con tic de maniático, veia la vida simbolizada por su traje de luto, comprado en momentos de desvarios, ridiculo en su solemnidade y demasiado grande: algo superfluo, misero, extraño a él. Caía en la noche como en una incoherencia. Aplastado en su sillón jugaba con un pequeño revólver, cuya enpuñadura nacarada refrescaba sus manos; era una habitud desde que sacara por primera vez aquella arma, con decisión hecha". As imagens são agora escolhidas e raras: "Raucho corre para entrar en el dia"; "eran provincianos ceñudos en su mayor parte y se respetaba su tranquilidad, como la de un barril de pólvora"; "en sus manos anilladas las báquicas uvas lloraban como ojos reventados de injuria". Já surgem os preciosismos bem de literatura parisiense: "Ella ofrecia té para decir algo; el aceptó para tener el pretexto de una actitud".

Porém quando se não quando arrebentava o mar dentre o azeite. Como na página esplêndida já notada por Valery Larbaud do gaúcho colegial que tinha a mania de bancar de bagual. Páginas sopapos como essa ou a morte de marruá em *Don Segundo Sombra,* são raras na obra de Ricardo Güiraldes. O que as torna inda mais impressionantes. Se tem a impressão que dentro do homem civilizado que foi a constância da psicologia literária de Ricardo Güiraldes, explodia às vezes de sopetão um ser diferente, de intrepidez valentona e força bárbara, "alma impetuosa de dios salvaje".

Depois de *Raucho,* em plena maturidade foi que o poeta nos deu *Xaimaca* e *Don Segundo Sombra.* Não vou mais pormenorizar esses livros. Pelas notações que deixei por aí já ficou quase o suficiente para explicá-los e bastante pra chamar a atenção brasileira.

Xaimaca é já um livro ótimo e... francês. Desaparece o deus selvagem. Só o outro que a gente enxerga, um discreto refinadíssimo, inimigo mortal de qualquer vulgaridade, capaz e amador da notação rara porém evitando a notação forte. É por assim dizer um livro desraçado embora eu tenha qualificado de "francês" certo modo de ser do poeta, só por comodidade de argumentação.

Só mesmo quando o equilíbrio e fusão das duas tendências apontadas se realiza em *Don Segundo Sombra* é que Ricardo Güiraldes se genializará. E essa fusão foi a melhor possível porque na personalidade criadora de Güiraldes é que estava o homem forte simples trágico. No realizador, no objetivador das invenções no "escritor" é que estava o homem civilizado e francês. Quando o "escritor" quis ser também forte e impressionante que nem nas "Plegarias Astrales", se mostrou desajeitado, barulhento, eloqüente sem franqueza. Em *Don Segundo Sombra* não: o assunto, a base inspiradora e a invenção é que são fortes e trágicas. Porém como essa força residia nos casos contados não careceu de coros nem de lamentações. E o escritor delicado pôde se expandir com a mesma largueza numa fusão harmoniosíssima. E *Don Segundo Sombra* foi um livro magistral. Diante dele não tenho o que esmiuçar. Fico completo como no geral a gente fica diante das obras-primas.

Ora em *Xaimaca* é a própria invenção que é refinada e subtil. Até o exagero que diz preciosismos um bocado *fin-de-siécle,* sem força vital, heranças de Wilde. Como neste passo: "— Por qué no me mira? — Contestar un gesto de cariño con otro es perder un poco la dádiva. Un beso devuelto deforma el gesto de la boca que besa"; ou "— Clara! no se vaya! — Si no puedo irme. Volver en mi es ya imposible. Lo que me asusta en sus brazos es também lo que me defiende. (...) Clara camina lentamente. Sus brazos parecen haberse alargado de caimiento. En un sillón se recuesta, mordiendo el pequeño panuelo para llorar despacio. — Quiere que me vaya? — No, siéntese aqui, a mis pies. Hableme, acarícieme, haga de mi lo que quiera. Mi soledad es incapaz de esfuerzo. Tengo necesidad de ser nosotros para defenderme de mi misma".

A figura de Clara é incontestavelmente excepcional embora não tenha nada de... russa, como é mania agora a gente invocar Dostoievski, diante de qualquer personagem que foge do comum... Tem uma contextura um pouco vaga e mesmo rebuscada. Os fatos sucedidos na volta de Tacna e dias seguintes são bons pra gente reparar isso.

Também Marcos, psicologicamente o mesmo Raucho, enriqueceu bastante. Bem mais complexo e individual que o Galván simples do livro anterior. Simples e talvez simplório. Ricardo Güiraldes, que viveu se concertando, quis talvez se penitenciar do argentino um pouco vulgar e muito curto que personalizara em Raucho...

O livro se acaba num chuveiro de poemas em prosa de que traduzo alguns no *Diário Nacional* de hoje. Ora psicológicos, ora descritivos, quase todos deliciosos, são a poesia melhor que Ricardo Güiraldes escreveu. E é curioso da gente notar que justamente nesses poemas, o argentino atinge um colorido e uma sonoridade ritmada ondulantemente que não tem eco na poesia modernista de lá e de que a mais característica manifestação está no equatorialismo sumarento de Guilherme de Almeida e Ronald de Carvalho. Ora justo nesses poemas Ricardo Güiraldes evoca vistas e climas equatoriais, isso quando mais não seja serve pra explicar a sonoridade poética dos brasileiros... Se observe por exemplo o "Mercado de Monteago" e a "Partida de Jamaiquinos".

Com *Don Segundo Sombra* conseguindo enfim num assunto rapsódico de vida pampeana o equilíbrio entre a tendência criadora, o realismo observador, a dicção refinada e a fatalidade nacional, Ricardo Güiraldes desgarrou numa toada formidável, humana e profunda em que pôde dar o máximo de sua expressão criadora. É raro a gente ver um assunto assim rude que atinge mesmo em certos momentos uma aspereza primitiva, se tornar sem diletantismo a criação integral dum espírito refinadamente civilizado e se transformar sem enfraquecer os valores crioulos numa manifestação elevada de cultura. Esse me parece o milagre mais notável de *Don Segundo Sombra*. Ricardo Güiraldes contando em obra de arte as paisagens as cenas e as almas da vida gaúcha conseguiu não permanecer no eco. Fez que nem os jardineiros japoneses que das árvores macotas do mato conseguem exemplares cabendo na palma da nossa mão. Me parece que está nisso a maior eficiência ao mesmo tempo da arte e da cultura desse livro: totalizar a vida em nossa percepção não lhe obscurecendo em nada o realismo porém lhe tirando toda aquela realidade com que o realismo contraria o prazer contemplativo: as asperezas físicas, os acidentes, os pesares e o medo. Nos matos anões dos jardins nipônicos a gente encontra a floresta açu sem que tenha precisão de se defender dela. Isso não intensifica a emoção porém não a diminui porque a transporta. Mas a liberta dos interesses. O mesmo com *Don Segundo Sombra* em referência à vida pampeana. Só que os japoneses não conseguiram resumir o tamanho dos passarinhos nem das feras. Isso Ricardo Güiraldes conseguiu. O quero-quero canta, o galo-de--briga vence, os caranguejos se estraçalham, os marruás se acompanheiram na tropa definitiva, o homem come, se ri, pensa. No geral nós temos preconceito contra as miniaturas. A obra de arte é sempre miniatura. A grandeza não vem do tamanho das coisas, vem das proporções e da força delas. E não se trata de pintar um por um todos os reguinhos duma impressão digital. Se trata aqui de enaltecer, dando visão imediata mais completa e mais livre, todas as sangas que a vida chovendo abriu no solo do pampa. Foi isso que o poeta fez.

Ricardo Güiraldes deixou obra curta e irregular. Obra de sul-americano verdadeiro inda não pode ter regularidade na grandeza. Porque a complexidade do problema nosso faz a personalidade turtuvear. Porém Ricardo Güiraldes deixou duas obras esplêndidas, uma das quais me parece um dos livros notáveis da época e o mais significativo da literatura argentina contemporânea.

Toda a mocidade argentina da comovida a memória dele. Dizem que era um indivíduo duma atração irresistível... Sei não. Sei que teve a melhor das atrações. A influência dele foi não de modelo mas de espelho. Quem olha no espelho se enxerga a si mesmo. Libertando a gente nova argentina dum passado falso ele fez mais do que dar a atualidade, de presente pra esses moços. Lhes deu a realidade. Alguns a falsificaram de novo. A culpa não é nem dele nem deles. A falsificação faz parte da existência. É ela que justifica as coisas autênticas. E bom número dos poetas de hoje, por essa influência de espelho que Ricardo Güiraldes teve, gozam na Argentina a lealdade de indivíduos e de nacionais.

Poemas em prosa de *Xaimaca*.

MERCADO DE MONTEAGO

Ricardo Güiraldes

Sob os zincos do mercado de Monteago um calor grosso mistura o cheiro da fruta e do legume.

A gente está como afogado na água verdenta dum tanque cheio de germinações primárias.

Na sombra, viva de tão consistente, se agita uma negralhada colorida.

Odeio essa gente que com o mexe-mexe dela me tira um bocado de vossa presença.

Alvorota o ambiente uma bulha sem parada de ofertas e pedidos.

As dobras das roupas brancas guardam listras de sombra fresca talqualmente veios de água.

Ponho reparo que os vossos olhos fogem dos suores vegetais exalados dos postos. Vosso pescoço, pulsos, a cintura se relaxam de calor.

Vamos embora!

As ruas trilam sons calcários de Sol.

Recostando nos muros descansam jericos petiços carregados com bruacas. As formas cinzentas deles se diluem como borrões de vida mansinha contra a cor gredosa das pedras murais.

Vamos embora pro hotel ver se dentro dos quartos fechados a gente acha um bocado de sesta.

PARTIDA DE JAMAIQUINOS

Ricardo Güiraldes

Do porto de Kingston varrido pelo vento que desnuda as palmeiras, vai embora pra guerra européia o quinto contingente jamaiquino.

Letreiros, gritos heróicos pra animar risadas-rictus nas bocas brancas e grandes. Lenços de despedida.

O brinquedo de soldadinho conclui numa realidade angustiosa.

Jamaica fica no marzinho Caribe com os canaviais os coqueiros as cascatas risonhas feito bocas nacarinas de africanos, as costas arqueadas em redor da frescura

No distrito de Sant'Ana, assentado num cerro liso opalina das baías com remansos azuis e sombras fundas, um papiri se extasia com a serenidade límpida do vale. Os dias vão se seguir por sobre a morada quieta. O pai há de sair com o facão de cortar cana em busca de soldo mínimo e na barba cinzenta dele os fios de prata hão de aumentar feito lapos de dor. A mãe há de ficar tratando da chacra miserável cujas frutas levará pro mercado de sábado no jerico manso por debaixo das bruacas de palha cor-de-marfim atopetadas.

Na memória cheia de escureza dos velhos, talqualmente cipós retorcidos reverdecerão lembranças antigas de histórias. A raça pra pagar o tributo a um povo de conquistadores teve de vir da terra dela, lá longe, patriarcal.

Os velhos, que nem os filhos, deram sangue pelos outros.

O contingente parte.

Já o destino aponta a proa na direção dos combates brutos dos países civilizadores, ávidos, como comerciantes, de poder e de riqueza.

Toparão lá com os campos vazios arados pelo ferro fabricado pra morte.

Da massa preta dos músculos os projéteis farão um líquido encarnado.

Cunhas de morte, grandes, fenderão a tropa inconsciente. Em riba dum escombro de cerro que granada esmigalhou, uma sobra podre de ataque combaterá grudada desesperadamente no naco de vida que resta pra ela.

O silêncio em redor será o silêncio eterno do contingente jamaiquino.

No morro, o sobrevivente derradeiro fará um rictus definitivo pra morte branca, com os beiços muito estendidos, dente à mostra. Assim a lua poderá lhe dar bem na boca um enorme beijo de osso.

INTIMIDADE

Ricardo Güiraldes

A madrugada está falando em cristais sua tímida toada de prata.

Acordei pra escutar uma palavra que ignoro.

Você dorme a meu lado e vossa presença explica a intimidade.

Surpresa quotidiana da presença de você...

Vossa boca é nua e carnuda que nem a flor pela qual ama a planta.

Uma bruma luminosa exala da vossa fronte. Vossos olhos se alargam com sombras profundas que são a noite do cansaço de você.

Por debaixo dos meus lábios o contorno forte de vossa boca nasce imensamente.

Você vai acordar. Hei de ver entre vossas pestanas nascer o milagre fluente do olhar.

Porém você esconde a cara no meu peito e me diz levianinho:

— Não me olhe assim.

Então durmo porque não posso olhar você.

Coleção ELOS

1. *Estrutura e Problemas da Obra Literária*, Anatol Rosenfeld.
2. *O Prazer do Texto*, Roland Barthes.
3. *Mistificações Literárias: "Os Protocolos dos Sábios de Sião"*, Anatol Rosenfeld.
4. *Poder, Sexo e Letras na República Velha*, Sergio Miceli.
5. *Do Grotesco e do Sublime*. (Tradução do "Prefácio" de *Cromwell*), Victor Hugo (Trad. e Notas de Célia Berrettini).
6. *Ruptura dos Gêneros na Literatura Latino-Americana*, Haroldo de Campos.
7. *Claude Lévi-Strauss ou o Novo Festim de Esopo*, Octavio Paz.
8. *Comércio e Relações Internacionais*, Celso Lafer.
9. *Guia Histórico da Literatura Hebraica*, J. Guinsburg.
10. *O Cenário no Avesso (Gide e Pirandello)*, Sábato Magaldi.
11. *O Pequeno Exército Paulista*, Dalmo de Abreu Dallari.
12. *Projeções: Rússia/Brasil/Itália*, Bóris Schnaiderman.
13. *Marcel Duchamp ou o Castelo da Pureza*, Octavio Paz.
14. *Os Mitos Amazônicos da Tartaruga*, Charles Frederik Hartt (Trad. e Notas de Luís da Câmara Cascudo).
15. *Galut*, Izack Baer.
16. *Lenin: Capitalismo de Estado e Burocracia*, Leôncio Martins Rodrigues e Ottaviano De Fiore.
17. *As Teses do Círculo Lingüístico de Praga*.
18. *O Texto Estranho*, Lucrécia D'Aléssio Ferrara.
19. *O Desencantamento do Mundo*, Pierre Bourdieu.
20. *Teorias da Administração de Empresas*, Carlos Daniel Coradi.
21. *Duas Leituras Semióticas*, Eduardo Peñuela Cañizal.
22. *Em Busca das Linguagens Perdidas*, Anita Cevidalli Salmoni.
23. *A Linguagem de Beckett*, Célia Berrettini.
24. *Política, Jornalismo e Participação*, José Eduardo Faria.
25. *Idéia do Teatro*, José Ortega y Gasset.
26. *Oswald Canibal*, Benedito Nunes.
27. *Mário de Andrade/Borges*, Emir Rodríguez Monegal.
28. *Poética e Estruturalismo em Israel*, Ziva Ben-Porat e Benjamin Hrushovski.
29. *A Prosa de Vanguarda na Literatura Brasileira, 1922/29*, Kenneth David Jackson.
30. *Estruturalismo: Russos x Franceses*, N. I. Balachov.